人民日报文艺部／主编

榜样

新时代英雄模范故事

人民日报出版社
·北京·

图书在版编目（CIP）数据

榜样：新时代英雄模范故事 / 人民日报文艺部主编. ——
北京：人民日报出版社，2023.6
ISBN 978-7-5115-7856-3

Ⅰ.①榜…　Ⅱ.①人…　Ⅲ.①英雄模范事迹—中国—
现代　Ⅳ.①K820.7

中国国家版本馆CIP数据核字（2023）第097263号

书　　　名：榜样：新时代英雄模范故事
　　　　　　BANGYANG: XINSHIDAI YINGXIONG MOFAN GUSHI
主　　　编：人民日报文艺部

出 版 人：刘华新
策 划 人：欧阳辉
责任编辑：毕春月　刘思捷
封面设计：金　刚

出版发行：人民日报出版社
社　　址：北京金台西路2号
邮政编码：100733
发行热线：（010）65369509　65369527　65369846　65369512
邮购热线：（010）65369530　65363527
编辑热线：（010）65369521
网　　址：www.peopledailypress.com
经　　销：新华书店
印　　刷：北京博海升彩色印刷有限公司
法律顾问：北京科宇律师事务所　（010）83622312

开　　本：710mm×1000mm　1/16
字　　数：194千字
印　　张：17.5
版次印次：2023年6月第1版　2024年4月第2次印刷

书　　号：ISBN 978-7-5115-7856-3
定　　价：48.00元

目　录

铁人张定宇

李春雷

无疑，在这次武汉抗击疫情战斗中，金银潭医院始终引人关注。

这里，累计收治了2220名新冠肺炎确诊患者，其中包括武汉市大多数危重症患者。

这里，还因此曝光了一个备受关注的人物。

他，就是身患渐冻症的"铁人院长"张定宇。

铁人，并非仅仅形容他的意志刚强如铁，还因为他的身体状况。由于病情日益加重，他双腿僵硬，犹如铁具……

山雨欲来

2019年12月27日晚7时。

像往常一样，张定宇滞留办公室。

每个傍晚，都是属于他的黄金时间。大家都下班了，再没有人来人往，再没有电话喧闹，整个楼层，像空山一样静谧。沏上一杯茶，静心地处理文件、细心地翻阅报纸、安心地回复微信，既处理了当天事务，又避开了堵车高峰。晚上7时半，大街空敞了，开车回家，回归自己的小生活。那里，是妻子热腾腾的饭菜和甜蜜蜜的微笑。

秋冬交替之后，是呼吸道疾病和常见传染病高发期，可今年格外稀少。虽是好事，却也有些不正常。因为暖冬？还是别的原因？张定宇的心里隐隐有一丝不安。今天，他邀了业务副院长黄朝林留下，想聊一聊。

两人刚刚打开话题，手机响了，本市同济医院的一位专家。

对方语气急迫，有一位不明原因肺炎患者，肺部呈磨玻璃状，疑似一种新型传染病。对方还说，第三方基因检测公司已在病例样本中检测出冠状病毒RNA，但该结论并未在检测报告中正式提及。鉴于这种情况，询问是否可以将病人转诊过来。

心底，一道闪电掠过。

张定宇所在单位是武汉市唯一的传染病专科医院。相关法律规定，传染病要定点集中治疗。

"你们做好准备，我马上通知值班医生，带车接人！"

可，一会儿后，对方又打来电话，病人不愿转院。

又是这样，总有患者因忌讳"传染病"三个字，对金银潭医院避忌有加。

他叹息一声："那就做好隔离，密切观察吧。"

虽然患者没有过来，但张定宇的内心，已经风起浪涌。

当即联系那家第三方检测公司。反复沟通，由对方将未曾公开的相关基因检测数据发送本院合作单位——中科院武汉病毒研究所，进行验证。

几个小时后，初步基因比对结果提示：一种类似SARS的冠状病毒！

12月29日下午，湖北省疾控中心来电，省中西医结合医院出现7名奇怪的发烧患者，所述病状与同济医院的那名患者类似。

心头，一阵惊雷震响。

张定宇马上安排黄朝林副院长亲自带队，前往会诊，并叮嘱务必做好二级防护，出动专用负压救护车。最后，又严正强调：每名患者单独接送，一人一车，不要怕麻烦！

就这样，小心翼翼、战战兢兢，直到深夜12时左右，才把患者陆陆续续接入金银潭医院南七楼重症病区。

他的双腿，禁不住颤抖起来。

他隐隐约约意识到，考验来临了。

这是一场战役，一场新中国历史上规模空前的抗疫战斗。

我本医生

张定宇，1963年12月出生于武汉市汉正街。小时候，他跟着哥哥，跑遍了那里的每一条街巷，体味着老汉口的繁华。1981年，他考入华中科技大学同济医学院医疗系。

大学期间，最亲爱的哥哥患病而亡。凶手，是一种名叫流行性出血热的传染病。

这，是他生命中永远的痛。

医学院毕业，张定宇进入武汉市第四医院，成为一名麻醉科医生。

个头不高、浓眉大眼、身材清瘦、医术精湛，说话办事风风火火，严肃认真从不服输，这是他留给所有人的印象。

出色的表现，使他成为组织重点培养对象，从医生、副主任、主任、院长助理，直到副院长。

在这里，他还邂逅了爱情。妻子程琳，武汉卫校毕业，本院护士。贤惠的妻子，无微不至地照料着他和全家人。父亲病故后，母亲跟随他生活。婆媳亲好，宛若母女。

2013年12月，张定宇调任金银潭医院院长。

金银潭医院，几年前由本市三家具有传染病业务的医疗单位合并而成。相比许多综合型医院，业务比较单调。

虽然如此，他却没有灰心。

别人不知道，因为当年哥哥的早逝，他与传染病，一直较着劲呢。

针对医院的不景气状况，他开始尝试各种探索、多方突破。

专科医院？综合医院？创伤中心？肝移植技术？后来，思路逐渐清晰：还是立足传染病业务，这才是正路。

于是，下定决心，在原有基础上加强管理、全面提升、重点突破。

第一个突破点，便是把艾滋病防控工作争取回来。法律规定，法定传染病由各地传染病医院负责。但是，由于种种原因，原来这方面业务大都挂靠在别的部门，颇不顺畅。张定宇多方努力，终于捋顺关系，进一步确立了金银潭医院在区域传染病界的影响和地位。

同时，针对传染病治疗的关键难点，引进一系列先进设备，全面提高治疗水平，吸引广大患者。

最精妙一步，是费尽千辛万苦，建立GCP平台。

什么是GCP呢？

简言之，就是新药试验平台，即在国家支持下，对所有预上市新药进行系统且缜密的试验确证。这是庞大的系统工程，需要专业团队和设备，还有结构合理、人数众多的志愿者队伍。当然，在整个过程中，如果表现良好，自有经费补贴。而他们打造的平台，在全国评比中，名列第二。

年近六十。就这样再干几年，光荣退休，享受生活，无悔无憾，此生足矣。

他万万没有想到，一场突如其来的疫情，打乱了他的生活……

新冠肺炎

12月30日，市疾控中心相关人员来到金银潭医院。他们反馈，已收治的7名患者的检测结果显示，所有已知病原微生物，均为阴性。

张定宇大吃一惊。

"你们取什么检测的？"

"咽拭子。"

咽拭子取样是在上呼吸道，而肺炎病人的感染已经抵达肺叶。

"不行，马上做肺泡灌洗！"

张定宇通知纤支镜室主任，采集患者的肺泡灌洗液样本，火速分送省疾控中心、中科院武汉病毒研究所检测。

当天下午5时，标本采集完毕。

3小时后，初步结果出来了：病原体均呈阳性！

第二天清晨，国家卫健委派出的工作组和专家组，乘坐第一班飞机，抵达武汉。

专家组来到金银潭医院，会诊病人和查看相关影像资料。同时，相关人员进行传染病流行病学调查。

当晚，武汉市卫健委10楼会议室，灯火通明。

专家组向国家卫健委派驻武汉市工作组汇报临床观察意见。

这次会议一个最为紧要的任务，就是分析新发疾病，抓紧商议制订一个诊疗方案。会议开到第二天凌晨3时。

真正的跨年会议！

2020年1月1日早晨8时，检测人员紧急采集环境样本515份。

1月3日，4家权威科研单位对病例样本进行实验室平行检测，初步评估判定为不明原因病毒性肺炎病原体。

1月10日，紧急研发的PCR核酸检测试剂运抵武汉，用于现有患者的检测确诊。

1月12日，这种全新疾病被正式命名为"新型冠状病毒感染的肺炎"。

别无选择

1月3日，金银潭医院新开两个病区，转入50多名新冠肺炎患者。

同时，紧急采购呼吸机、监护仪、输液泵、体外除颤和心肺复苏设备。每个楼层，大致准备25台呼吸机和25个输液泵。

1月5日，患者已达100余位。

查房时，张定宇猛然发现一个问题：病人自费用餐，非但标准不高、营养不全，而且任由剩饭剩菜裸放在床头。保洁员束手无策，不便清理。

这是一个巨大隐患。

他马上下令，即日起，所有病员餐饮费用由本院负担，标准与本院干部职工相同。且全部统一送餐，统一保洁！

有人表示不解，这会额外增加医院的经济压力。

张定宇说，特殊时期，不算小账！

形势越来越紧张。

正在这时，金银潭医院的50多名保洁员不辞而别。

怎么办？

护士和行政人员顶上！

第二天，18名保安也全部离岗。

怎么办？

生死关头，不能回头！

所有党员、后勤人员，全部上前线！送餐、保洁、保卫……

在此期间，张定宇紧急招聘多家外部工程队，聚合院内所有人力物力，日夜苦战，用最快速度将全院21个病区全部改造完毕、消毒完毕、布置完毕。

大战之前，这是多么艰巨的工程！

事后证明，这是多么及时的工程！

关键时刻，张定宇身边两位最重要人物，先后感染。

妻子在武汉市第四医院门诊部负责接诊，虽然小心注意，还是感染了。听到确诊消息，张定宇眼前一黑，瘫倒在地。

他已经好多天没有回家了，现在更是分身无术，不能前往探视。

仅仅几天之后，他在工作上最倚重的战友——业务副院长黄朝林，也不幸感染，且是重症。

无奈的张定宇，愤怒的张定宇，疲惫已极的张定宇，眼泪夺眶而出。

此中悲痛，此中心焦，如坐针毡，如火焚烧！

别无选择，别无选择，只有拼命地工作，拼命地工作，把所有的措施补防到位，把所有的预案准备到位。

每天晚上，他都要闭眼、面壁，单腿直立半小时。

是在祈祷吗？

当然不是！

除夕夜

大年三十。傍晚7时，办公室。

吃过饭，张定宇突然想起，要与病房里的妻子视频，说几句安慰话。这个可怜的女人啊，为我付出了一切，现在身染重病、生死未卜，不仅没有得到我的探望和照顾，连暖心的问候也少之又少。想到这里，张定宇心如刀割。

他擦擦眼泪，使劲摇晃麻木的脑仁，想出了几句温柔话。可刚刚酝酿好情绪，电话响了。

紧急通知，解放军陆海空3支医疗队共450人，已乘军机星夜驰援，3小时后降落。其中，陆军军医大学150人医疗队，将直接奔赴金银潭医院。

少顷，电话再响：上海医疗队136名医护人员也将进驻，凌晨2时抵达！

"好！好！马上布置，马上迎接！"他挺直身体，一下子来了精神。

放下电话，急速召集人马，分头行动，再次冲锋。

真是武汉有幸、天道垂青。前些天，他已经抢在大疫来临之前，把全部病区规划改造完毕。这个"提前量"，在这个节骨眼上帮了他的大忙。

想到这里，心底涌上一阵职业的自豪。他伸出大拇指，狠狠地为自己点一个赞！

的确，张定宇提前完成的这一系列改造工程，太果断了，太给力了。

这，才是一个优秀管理者真正的责任感！

日历翻至1月25日，大年初一。

这是全国人民万家团圆的欢乐之夜，人们看完春节联欢晚会之后，大都进入了甜美的梦乡。

可张定宇和他的战友们，却不能停下。他们要立即清洁消毒、摆放物品，为即将进驻的医疗队能最快投入战斗做好准备。

1月26日下午1时，陆军军医大学医疗队接管两个病区。

下午2时，上海医疗队入驻另外两个病区。

截至当晚11时，金银潭医院已累计收治重症患者657人。

火线48小时，张定宇兵不解甲、马不停蹄！

铁与冻

金银潭医院的空气中，溢满了浓浓的消毒水味道，像硝烟，似雾霾。

楼道里，大家时时看到张定宇跛行的身影，常常听到他的大嗓门。

只是，他的嗓门越来越大，脚步却越来越迟缓了，特别是双腿僵硬，如假肢般越发不灵便。

上楼时，必须用双手紧握栏杆，用力地拉、拉。有一次，走着走着，居然趴倒在地，好久站不起来。

1月28日早上8时，全体病区主任见面会。

简短地汇报完工作后，大家准备四散而去、各就各位。但这一次，张定宇破例要求大家留下，似有话说。

人们颇感意外。

而他，却又吞吞吐吐，足足一分钟。

众人纳闷了。这完全不是张院长的作风啊，从来没有见他如此局促啊。

他停顿一下，慢慢张口。

"兄弟姐妹们，事到如今，我不得不说。再不说，可能要耽误大事。"

大伙儿瞪大眼，眼神里翻动着惊疑的问号。这些年来，单位由乱到治，由弱到强，发生了太多太多细细碎碎而又轰轰烈烈的事情。对于这些，大家都已经习惯了，只要有张院长在，便没有什么大事。就像现在，天大的事，不也是他在硬挺挺地支撑着吗？

"我的身体出了问题……"

大家一惊，会场一片寂静。

"我是……渐冻症！"

什么？什么！大伙儿不敢相信，不愿相信。

"是的，渐冻症，前年确诊。"他缓缓地却是平静地说，"医生告诉我，或许还有六七年的寿命。现在，我的双腿已经开始萎缩……"

渐冻症，即运动神经元病，属于人类罕见病。此病多为进行性发展，其病变过程如同活人被渐渐"冻"住，直至身体僵硬、失去生命。更重要的是，这种病，无法医治。

在座都是医生，谁不明白呢？

联想他这些天来的异常行动，大家恍然大悟。

张定宇沉默少许，接着说："我向各位兄弟姐妹道歉啊。这两年，我脾气不好，批评你们太多，你们都受委屈了！现在，我的时间不多了。在这最后的日子里，我必须跑得更快，才能跑赢时间；我必须跑得更快，才能抢回更多患者；我必须跑得更快，才能和大家一起，跑出病毒的魔掌。现在，形势万分危急。我们要用自己的生命，保卫武汉！"

说完，他用尽全身力气，站起来，一跛一拐地走向前台，双手抱拳，深鞠一躬："拜托大家了！"

泪水模糊了大家的眼睛……

白衣执甲，冒死前行！

最疲惫的时候，最痛苦的时候，张定宇就仰躺在办公室沙发上，与妻子视频聊天。一是问候，二是排解压力。

"疫情过后，我陪着你，好好休息。"

"咱俩相差5岁，正好可以一起退休。到时候，我给你一个人当护士，你给我一个人当院长。"

"只是我脾气不好、急躁、不服周，老毛病改不了。"

"这才是武汉人。一代代都是犟脾气，好像会传染一样。"

"别提传染。我不想听！"

"好吧。张院长英明，张院长能干。在张院长领导下，汉正街永远正，长江水永远清，金银潭永远风平浪静。"

"哈哈哈哈……"

笑着笑着，却没有声音了。

再听，却是一串串呼噜声。

他睡着了。

灵丹妙药

如何提高治愈率、降低死亡率？

在张定宇主导下，金银潭医院采取了多种治疗方法，比如大量补充氧疗设备，在病房里尽量多地匹配氧气面罩、高流量氧疗仪、体外膜肺氧合机等。

但仅有这些常规"武器"，还不行啊。

探讨新路！

他们在国家专家组指导下，根据病情给予鼻导管氧疗、高流量湿化氧疗、无创通气治疗、气管插管呼吸机辅助通气等疗法，同时酌情给予抗病毒、抗感染、抗炎、抗休克，纠正内环境紊乱、纠正酸碱平衡失调等治疗。

还有血浆疗法。

大部分患者康复后，体内都会产生一种特异性抗体。这种抗体可有效杀灭病毒。目前，在缺乏疫苗和特效药物的前提下，采用这种特免血浆制品治疗，可以增加重症患者存活的机会，也可为医生的救治争取更多时间。

张定宇妻子康复后，经过身体检查，符合捐献血浆的条件。2月中旬，她来到丈夫所在的金银潭医院，捐献400毫升血浆。

很快，在国家卫健委印发的《新型冠状病毒肺炎诊疗方案（试行第六版）》中，赫然增加"康复者血浆治疗"一项。

遗体解剖，无疑是寻找致死根源的最直接途径。

目前，医学对新冠病毒感染、致死的病理机制认识不够，也没有对症特效药。通过遗体解剖，可以最快地掌握和判断其传染性和致病性变化规律。

金银潭医院的第一个死亡病例出现在1月6日。

在ICU病房外，张定宇耐心地与患者家属沟通将近一个小时，试图说服对方同意对逝者尸体进行解剖，但是，没有成功。

后来，凡有可能，他都会走上前，真诚哀悼之后，苦口婆心地劝说：我们知道凶手是谁，但它到底如何行凶，我们需要知道。只有这样，才能挽救生者。请您理解，请您支持啊……

终于，有家属同意了。

2月16日，第一例、第二例患者遗体解剖工作在金银潭医院完成。10天之内，共完成12例。

由解剖获得的直接数据，有望给未来的临床治疗提供有力依据！

疫情发生后，科技部紧急启动针对该病毒的应急科研攻关。

金银潭医院承担的多个临床研究项目也陆续上马，涵盖优化临床治疗方案、抗病毒药物筛选、激素使用等急需解决的问题。张定宇当初建造的GCP新药平台，此时发挥了大作用。

在武汉前线的几位院士、教授和相关科技人员，迅速在这个平台上展开了克力芝、枸橼酸铋钾、瑞德西韦等药物的临床研究。

各种武器，一齐开火。瞄准新冠，精准射击。

最后的战斗

2月9日，已经超负荷运转43天的金银潭医院，再次接到收治一批危重症患者的紧急任务。

21个病区，每层楼都在走廊添加10至14张病床。

这天晚上，这里又吃力地接纳了256名危重症患者！

那段时间，每天都是如此节奏。

而调动整个医院运转的张定宇，无疑是其中最忙碌、最劳心而又最坚定的那个人。

一天天在萎缩的双腿，时时疼痛，好似抽筋。最痛苦的时候，必须单腿站立，把全身重心压迫到一条腿上，连续站立半小时左右，才能缓解。满头大汗、浑身颤抖、咬牙切齿、气喘如牛。

当然，还有他的战友，这些可敬的勇士们。在那些漫长的日子里，他们有家不能回，大都住在自己的汽车里。

"汽车宾馆"就是他们战火中的家！

魔高一尺，道高一丈！

整个武汉市，战斗都是如此激烈。

在党中央的统一指挥下，来自全国各地的10多万名医务工作者、志愿者和各界爱心人士，和武汉人民并肩作战，共同筑起一道道血肉长城，抗击疫魔！

日日夜夜、风风火火、铿铿锵锵。

希望之光、胜利之光，就这样吃力地从最初的慌乱和暗淡中走出，走向黎明、走向日出、走向满天朝霞……

2月21日，金银潭医院收治患者13人，出院56人。出院人数首次超过入院人数。

黄朝林副院长的病情也稳住了。最终，他获得了新生，并于3月2日回归医护队伍。

截至战"疫"尾声，金银潭医院的820张病床，累计收治2220名新冠肺炎患者，其中大多数为危重症患者。

而金银潭医院的勇士们，在与病魔决斗的同时，最大限度地保护了自身。作为战斗最激烈的一个主战场，这里只有9名医护人员感染，且全部治愈。

这，堪称奇迹！

张定宇和他的战友，用最大努力和最小牺牲，为保护这座城市尽了全力！

肺腑之言

一场大战，正在收兵。

张定宇，已近3个月没有休息了。

3月下旬之后，他偶尔回归原来的节奏：晚上7时下班。

他，终于可以回家了。家里，有妻子热腾腾的饭菜和甜蜜蜜的微笑。

生活，如此美好；生命，如此温馨。

只是这样的美好和温馨，对他来说，太有限了！太有限了！

但是，无论如何，现在的他，已经释然，足以欣慰。

因为，他问心无愧。

作为传染病专家，他想通过这场新冠肺炎之战说出自己的肺腑之言——

未来世界，重大传染病将是人类面临的最大敌人。人类，必须改变生存方式，进一步与自然和谐相处。

我的祖国、我的武汉、我的亲人，我爱你们，祝你们康宁恒好！

《人民日报》2020年4月1日第20版

深情写在大地上

————— 范 稳 —————

一

中国工程院院士朱有勇站在拉祜族山寨旁边的一块洋芋地里，头戴草帽，着一件黑色短袖圆领衫，藏青色休闲裤的裤脚上沾着斑斑点点的泥土，一双胶底鞋早已看不出原来的颜色。当地把马铃薯叫作洋芋。他手里举着一个大约有1.5千克的马铃薯，笑呵呵地对我们说："你们看看，多好的冬洋芋呀。你看它的皮，多光洁，多亮，一个坑都没有。北方人最喜欢我们的冬洋芋了。这个季节只有我们这里才能为市场提供新鲜的洋芋。"他的笑容敦厚而温暖，让人心生信赖。尽管他是一位著名的中国工程院农业学部的院士，获奖无数，但人们更愿意把他当作一名下乡扶贫的工作队员，质朴平易，谦逊温和，一如邻家大叔。

这个硕大的洋芋是朱有勇刚刚从地里亲手刨出来的。在他的身边，是身着民族服装的拉祜族乡亲，他们把这个收获的日子当作节日来过。在他的身后，是一望无际的洋芋田，洋芋秧还是青色的，一些洋芋已经从根茎处迫不及待地探头露耳了。人们只需拔去秧苗，用手都能把它们从松软的沙质土壤里刨出来。挖出来的洋芋黄皮锃亮，一堆堆地散落在地里。受疫情影响，收购商今年不便上门，朱有勇就专门请购物网站的人来直播拉祜族人开挖冬洋芋的场面。他自己则当起促销员，一会儿去地里挖洋芋，为人们讲解冬季洋芋的特色；一会儿又在农家表演切洋芋丝，刀工娴熟，简直超过农家乐的厨师。

这天网上销售出去的冬洋芋大约有30万元，云南农大和昆明部分高校也为学校食堂买了一大批冬洋芋。由于是网上订购，商家回款有周期，朱有勇跟一道来的云南农大领导协商，说我们先把这笔钱给农民垫上，网上销售的钱再让他们转给我们。拉祜族同胞习惯一手交货一手交钱，我们不能伤了他们的积极性。第二天，云南农大的一位副校长亲自带着30万元现金飞来了澜沧。

时在清明，假期还有一天，南方边陲小城澜沧拉祜族自治县已是仲夏风光，阳光灿烂，大地翠绿。朱有勇的一个院士工作站就在澜沧县的竹塘乡蒿枝坝。这是全国少见的直接设在村里的院士工作站。它是幢两层小楼水泥建筑，楼下是村科技图书室，楼上有两个房间和一间会客室。平常朱有勇就在会客室里谈事、布置工作、接待来访的乡亲。与其说这是个让人心生敬重的院士工作站，不如说它是一个乡村扶贫点。而工作站的主人朱有勇院士，就是扶贫工作队队长。

许多人也许会纳闷，一位工程院院士，科学家，怎么会去扶贫蹲点、挖洋芋促销农产品呢？让我们把时间回溯到2015年冬，春城昆明一个阳光普照的日子。那天，云南省人民政府和应邀前来考察的中国工程院院士团队联合举办了一个扶贫专题座谈会。那一年，脱贫攻坚战役已经全面铺开。对云南来说，有一些深度贫困的"堡垒"亟待攻克。中国工程院受党中央、国务院的委派，定点负责云南澜沧拉祜族自治县、会泽县的结对扶贫工作。这两个县一个在滇西南的亚热带少数民族地区，一个在滇东北的高寒山区，都是深度贫困县。谁来扶？谁愿意去？座谈会上，工程院的领导环顾四周⋯⋯朱有勇笑呵呵地对院领导说："云南是我的家乡，让我去澜沧扶贫吧。"那年朱有勇刚过60岁，自称为院士团队里的"年轻人"。他曾坦率地跟我说，他是云南人，又是党员，扶贫工作是大事，自然当仁不让。

君子一诺千金，院士一马当先。当年12月，云南的冬天尚有暖意，朱有勇带着自己的院士团队赶到澜沧县，一头扎进竹塘乡的蒿枝坝。这是个纯拉祜族村寨，贫困率高达51%。朱有勇的想法简单又质朴：既然是到农村扶贫，就得真正把自己的所学所长用到农民身上，让科技的光辉照亮这片热土。在此之前，他已被人们称为"农民院士"。他总是那么豁达地说，农民院士嘛，先农民，后院士。我本来就是农民的儿子，让农民过上好日子就是我的初心。

朱有勇是恢复高考后第一届大学生，从小在农村长大，上大学前还当过知青，深知农民疾苦和科学种田的重要性。成为一名农学专家后，他以搞生物多样性病虫害控制闻名于世，多年来先后获得发明专利20余项，国际、国家和省部级科技奖励18项。但朱有勇是一个用心在大地上写论文、做科研的人。多年的田间地头奔波，让他没有专家学者的书卷气，看上去更像一名乡镇一线工作人员，朴实敦厚、和蔼可亲。

朱有勇来到澜沧时，当地群众种植技术落后，收获微薄稀少。地里所产的水稻、玉米等农作物除了够农家自用，能卖出换钱的产物实在不多。人们需要一个撬开贫困的支点。

二

可能不会有人想到，一位中国工程院院士的扶贫是从带头种洋芋开始的。

朱有勇院士团队已经研究开发冬洋芋种植项目十来年，洋芋博士他都带出来了好几个。这项技术既利用了云南干季天热量足、雨水少的特点，又占天时地利之便，在我国大部分地区的冬天都不能生产洋芋时，云南的冬洋芋便一枝独秀，需求旺盛。

朱有勇带领自己的团队跑遍了澜沧县的山山水水。在他眼里，地处亚热带地区的澜沧有充沛的阳光、降雨，有丰富的热量，更有广袤的土地、丰富的物种，尤其是森林植被葳蕤茂盛，条件得天独厚。但在拉祜族地区，冬天是农闲季节，是人们喝酒唱歌跳舞晒太阳串寨子的美好时光。春天来了，布谷鸟叫了，人们才会荷锄下地。

当他告诉蒿枝坝人种冬洋芋的好处时，他看到的是一片怀疑的目光。没有人相信他，也没有人愿意干。配合工作的乡干部们说破了嘴皮，最后也只有两三户人家愿意试一试。朱有勇对自己的团队说，老乡们不愿干，我们就做出来给他们看。朱有勇的团队都是他带的博士，云南农大的青年教授或科研人员，自从跟随朱有勇下来扶贫，个个皮肤晒得黝黑，戴着草帽，挽起裤腿就下田，和他们的导师一样，一点也看不出教授和科研人员的模样来了。

2016年的初冬，蒿枝坝的田地静谧，朱有勇院士穿一身迷彩服，身后跟着一群同样着迷彩服的博士们。他们租了100亩地，在人们疑惑的目光中挖下冬闲地里的第一锄。他们没有多少豪言壮语，只是伏下身段勤勉地耕耘，洒下汗水浇灌这沉睡经年的土地，要用丰收来证明贫困并不是不可战胜。那期间朱有勇蹲在地里，指导人们如何播种，如何盖膜，如何施肥浇水。这位年过花甲的老人一身汗碱，满脸泥土，谁看得出来这是一名院士呢？

来年初春，蒿枝坝破天荒迎来反季节的丰收。朱有勇院士团队种植的冬洋芋亩产达到了3000千克，销售后每亩收入达1万元。朱有勇用最简单明了的话告诉蒿枝坝人：种1亩地，干100天，收入1万元。

拉祜族青年李扎丕家里有七口人，以前全年收入也就2万元左右，只能勉强维持温饱，全家还住在茅草房里。朱有勇动员大家种冬洋芋时，李扎丕想着自己是蒿枝坝的村民小组长，还是党员，应该带个头。于是就抱着试一试的心态，拿出2亩地来，在朱有勇院士团队的指导下种冬洋芋。收获时，他每亩地收了2000多千克冬洋芋，一个冬闲季节家里就进账1万多元。2017年冬季，尝到甜头的李扎丕将冬洋芋种植扩大到5亩，2018年又扩大到8亩。到2019年，李扎丕已经成了蒿枝坝的致富带头人，一气种了13亩冬洋芋，单是这一项收入，就达到十来万元。

有钱了，观念也更新了，李扎丕家开起了农家乐，办起了养殖业。我在李扎丕宽敞的院坝，看到他新买的一辆五座越野车。李扎丕说，他还有一辆农用拖拉机，一辆柴油三轮车，两辆摩托车。家里每个人出门都有车开呀，跟你们城里人一样。他还说，过去去县城赶街（集），花两块钱都会心疼。说到今天的变化，这个淳朴的小伙只会说，没有想到，真是没有想到啊。

三

2016年9月，田里的水稻收割了，粮食入仓了，忙碌了一年的拉祜族人并没有像往年那样闲着了。在朱有勇院士团队的具体运作下，中国工程院院士专家技能培训班在蒿枝坝正式开班。

在脱贫攻坚战役中，人们总结出很多有用的经验，如扶贫先扶智，扶贫先立志。朱有勇认为，培养具有一技之长的乡土人才是解决长远发展问题的重要路径。蒿枝坝地处偏远，信息不灵，人们受教育程度低。授人以鱼，莫若授人以渔。把产业带给他们，再把农科技能教给他们，就是脱贫致富的好办法。

培训班学员是各村寨的拉祜族同胞，教师则是院士、教授、专家学者，至少也是在读博士。如此高规格的培训班没有年龄限制，也无学历要求，更无男女之别，入学则非常简单，他们只需达到两个要求：

语言沟通没障碍，想脱贫。

培训班的学员们一报到，便一人发一套迷彩服，一套被褥与洗漱用具。先进行两天的军训，请来教员训练他们做操，走正步。讲纪律、团结、协作、荣誉、责任、尊严……朱有勇说，要先把大家的志气树立起来，才能有赶走贫困的信心和勇气。

朱有勇为培训班制定了教学规划。培训班每班60人，计划开办10个班，每学期为半年左右，分4个阶段：第一阶段学习整地和播种，第二阶段学习施肥、浇水和管理，第三阶段学习收获、分级和销售，第四阶段是总结、规划和发展。

培训班开课，第一堂课都由朱有勇讲。他的开堂第一句总是问："你们想脱贫致富吗？"大多数学员都是首次进这样的课堂，更是第一次听一个院士亲自给他们讲课，拘谨得手脚都不知道往哪里放好。尽管都想早日脱贫致富，但还羞于表达，对能否学会一门农科技能心存疑惑。他们小心地回答说想，朱有勇则鼓励大家大声点："勇敢地说出来。让我听见。"他告诉大家，要致富，先得从立志开始，要记住：争当贫困户，永远不会富。

院士专家们手把手地教，学员面对面地学，才明白，种地原来还有那么多学问和讲究。培训班的学员们不仅通过培训掌握了一门农科技能、找到了脱贫的路径，许多人还成为村寨里的致富带头人。每期培训班结束后，还发给学员一本结业证，上面有朱有勇院士的亲笔签名。澜沧县政府也积极配合，县上规定凡持有院士专家技能培训班结业证的人，可以去银行优先办抵押贷款。有学员自豪地说："我也是院士的学生。"

拉祜族女青年李娜努也这样自豪地说。李娜努是那种勤劳肯干的庄稼人。但传统的耕作习惯，让她的家庭一直在贫困线以下徘徊。2017年，李娜努听说院士专家技能培训班在蒿枝坝招收林下三七种植的学员。尽管家住另一个村寨，李娜努仍匆匆赶去报名。

培训班实行课堂讲授和地里劳作相结合的方式，作业就是将三七种苗发给学员让他们自己回家种植，老师再加以跟踪辅导。有一次，李娜努与其他学员在山坡上的林地里学习种三七，忽然下起了大雨。大家觉得山路陡滑，朱院士一把年纪的人了，大约不会来了吧？想不到如注大雨中，一个人影拄一根树枝做成的拐杖，一身泥水地从山路上蹒跚而来。正是他们的朱院士！李娜努学得很努力，2017年她在团队的指导下种了2亩林下三七，两年后，喜获丰收。这是她在院士专家培训班完成的第一份"作业"。到如今，脱贫已然不是问题，小康目标近在眼前。李娜努说，他们夫妇每天都是开车去林地里干活，除了种好自家的林下三七，她还去院士团队引进来的三七企业打工。她有技术，一个冬天都在忙。

四

朱有勇经常说："农民需要什么我就研究什么。"云南是三七的重要产地。但大田三七种植一茬后，地力损耗，短时间不可再种，让三七种植的土地资源问题越来越严峻。早在十多年前，朱有勇就开始研究这个课题。多年的调查、摸索、探寻、验证、分析、试验、比对，院士团队终于找到林下三七的种植规律。只加以适当的人工干预，其余完全仿野生环境下的种植，一茬三七收获后，土地没有受到化肥农药的污染，可轮种其他林下药材，如黄精、重楼等。

研发林下三七种植技术，其中的艰辛自不待言。许多企业闻风而动，愿意开价10亿元购买这项专利。也有人建议朱有勇院士团队自己租几座山林雇人种植，再成立一家公司，收入几个亿也是易如反掌的事情。但朱有勇都拒绝了。他召集自己团队的博士教授们开会，说我们是搞科研的，国家给我们经费，我们做出来的科研成果应该回报社会，教给农民去种，让他们尽快脱贫致富。这个财我们不能发。你们的精力应该放在科研和教学上，这才是正道。

院士团队里的许多人在朱有勇门下硕博连读。单是研究三七的博士，朱有勇就带出12个。从栽培管理到病虫害生态防治，从松针挥发到土壤腐解，这里面大家都贡献了智慧和力量。他们常年跟着朱有勇在三七地里风里来雨里去，搞出这一项技术着实不易。但是当我问朱有勇院士手下的几个得意弟子时，他们都笑呵呵地说，我们听朱老师的，他是为我们好。是啊，所谓导师，应是既有业务指导，又有人生引领。

朱有勇还同时为引进来的几家企业提供技术支持，其推广模式是院士专家出技术、出标准，农民出林地、出劳力，企业出资金、出市场。按相关规定，企业无偿享有了林下三七的技术，应拿出利润的15%交给技术提供方，但朱有勇要求企业把这15%的技术转让费都返还给出租林地的农户。据初步估算，农户每出租1亩林地，可收获四五千元的技术转让费。朱有勇说，农民拿到手更多的真金白银，我比过年还高兴。

2019年12月2日，中宣部授予朱有勇"时代楷模"光荣称号。媒体记者追踪采访，人民大会堂作报告宣讲，荣誉纷至沓来。但朱有勇还是那身"农民院士"的行头，一有空就往澜沧跑。一顶草帽，一身迷彩服，来到地里就蹲下身来，抓一把泥土看看，那是他多年养成的习惯。自他把院士工作站设在蒿枝坝以来，每年在澜沧工作多达100多天。昆明到澜沧的航班开通后，他应该是乘坐这趟航线最多的乘客之一，往返已达150多次。现在，每天早上，他会带着他的学生们一起在村道上晨跑。他用当地话和路上的村民打招呼拉家常，像村寨里一个德高望重的长者。我跟朱有勇在院士工作站住了一些天，每天早上门把手上都会挂着村民送来的早点，新鲜的玉米、洋芋、土鸡蛋，刚蒸好的糯米粑粑等。至于是谁送的，谁都不说。

澜沧县即将提前实现整县脱贫摘帽的目标。蒿枝坝更成为一个美丽乡村建设的样板。在这个村庄，你总能感受到一种朝气、一种忙碌，每一家每一个人都有奔头、有梦想。

《人民日报》2020年7月1日第20版

盛开的雪莲

陈　新

一

在我心里，他，就像一朵藏地雪莲。

他叫白伟伟，1985年出生，山西吕梁人。

16年前，19岁的他来到西藏当兵，2007年退伍之后，通过考试成为西藏自治区山南市乃东县（后改成乃东区）财政局的一名员工。

2015年11月，白伟伟主动请缨，申请到乃东县结巴乡格桑村担任第一书记。

从驻村第一天开始，白伟伟就在村两委干部的带领下，走村入户，了解村情民意，寻找致贫原因。每到一户，他都会拿出本子，做下详细的记录。

然而，白伟伟很快发现，摆在他面前的困难，比想象中要多得多。第一个问题，就是沟通障碍。由于语言不通，他和藏族乡亲们交流起来很不顺畅。但是，如果不能很好地与村民沟通，那还怎么帮助他们脱贫？

白伟伟决心首先从改变自己开始——"一定要学会藏语！"为了攻

克这个难题，他和藏族群众同吃同住同劳动，并规定自己每天要学多少词汇及句子。

经过一段时间的努力学习，白伟伟不仅能与乡亲们无障碍交流，和他们像朋友一样聊天，甚至能够叫出格桑村每一个村民的藏语名字。

虽然已经学会说藏语，但是身为驻村干部、第一书记，白伟伟心里明白，他要实现的，是让格桑村整村脱贫致富。

那么，如何才能让村民脱贫致富呢？想来想去，白伟伟决定把目光放在项目争取上。他懂政策，工作方法多，干事也有韧劲，只要有好的想法，不怕实现不了。

乃东区财政局局长才仁顿珠对白伟伟印象非常深刻。有一次，为了争取一个项目，白伟伟守着他谈，让他"叫苦不迭"，但又十分感动。

那几天，白伟伟守在才仁顿珠的办公室，不厌其烦地介绍项目的情况。有人来找才仁顿珠，他主动给端茶倒水，然后出去回避。等客人一走，他就又回到才仁顿珠办公室，继续谈自己的项目规划……

就这样，白伟伟为格桑村申请到了8万多元的值班室与厨房维修费用。之后，又申请到了30万元用于母猪养殖项目。这些成为格桑村集体经济发展的种子，为村子的脱贫致富注入新动力。

2016年7月，一场突降的暴雨，使格桑村二组擦沟段发生洪涝灾害。白伟伟闻讯，与村干部迅速带领大家投入防汛抗洪工作中，挖填坑洞、搬运沙袋、清除淤泥……他都冲在最前面。

突然，村主任索朗达杰指着白伟伟的脚惊呼："白书记，你的脚出了很多血！快去处理一下吧！"

白伟伟低头一看，右脚上鲜血直流，把凉鞋都染红了。

"没关系，刚才被石头磕了一下。"白伟伟很镇定，"我是军人出身，轻伤不下火线！"说着，他撕下背心一角，简单包扎了一下伤口，继续战斗。

洪水终于退去，村民们的损失降到最低，但白伟伟脚上的伤口却因处理不及时而感染，后来上医院治了一个月才痊愈。

为了村子有更多的可用土地，白伟伟请人到村里考察，发现将村里的戈壁平整后，可以多出2000多亩可耕种土地。这是一件多好的事啊！

白伟伟马上着手做可行性报告。报告不仅得到上级部门的肯定，也得到广大村民的支持。更让他颇为得意的是，他发现乃东区财政局院子里有一辆停放未用的装载机，如果用装载机来平整戈壁，岂不比人工方便省力许多？

一番游说与奔波，白伟伟终于免费借来这辆装载机。村民劳作，加上机械化协作，工作推进得很顺利。白伟伟提出：新整出来的土地，每个村民都有份，今后靠这片土地赚的钱，归村集体所有，用于改善民生。

看到村民磨糌粑粉不方便，白伟伟从第一书记经费中拿出1万元建造了水磨坊，从此，全村人都到这里来磨糌粑粉；了解到村幼儿园的孩子们中午休息的条件不好，他又协调有关部门，争取到了床上用品三件套和一辆运输用的电动三轮车。白伟伟不只是一位驻村扶贫的基层干部，还是村民身边的"活雷锋"，常常帮助大家修家电、修汽车、换灯管……

天天跟乡亲们打成一片，白伟伟自己的终身大事却迟迟没有进展。家里人一直催他结婚，还给他在吕梁老家介绍了一个姑娘，但白伟伟一直说村里工作忙，抽不出时间回老家相亲。

催促多次的母亲终于忍无可忍："你要是还认我这个娘，今年就必须回来相亲！"母命难违。白伟伟终于决定，利用2017年年底休年假的时间，回一趟老家见见那位姑娘。

其实，已经好几年没有回过老家的白伟伟，何尝不想念父母、不想念家乡，不渴望拥有一个温馨的小家？但是，白伟伟心里更明白，脱贫攻坚是国家大事，等格桑村的乡亲们都脱了贫，过上富裕的好日子，自己再娶媳妇也不晚。

然而，正打算动身回山西探亲时，白伟伟却病倒了。

二

2017年12月10日，白伟伟有些不舒服。当时，忙于工作的他并没在意，以为只是感冒。谁知吃过药后，感冒没好，还发起烧来。14日下午，由于头痛欲裂，他才赶紧请假去了医院。医生诊断后说：你的病情严重，要注意多休息。但是拿了药之后，白伟伟又立即返回工作岗位。

与以往不一样的是，这次感冒确实重，医生开的药也没效果。白伟伟越烧越厉害。16日下午，忙完工作后，他拖着疲倦的身体到医院输液。然而，高烧始终不退，还有越来越厉害的咳嗽和气喘，接着还咯血了。

这已经不是一般感冒了。"我们这里医疗条件有限，你的病不能拖，万一是肺水肿怎么办？"医生不容商量，当天将他转院。检查后发现，白伟伟由于延误治疗，已发展成肺水肿。医院立即采取治疗措施。见其病情越来越严重，后又将他转到西藏自治区军区总医院。

由于初期延误治疗，不幸的事还是发生了：经过两天的努力抢救，白伟伟还是停止了呼吸……他的生命，永远定格在了32岁，定格在了山南市乃东区结巴乡格桑村脱贫攻坚的事业上！

虽然到格桑村驻村只有两年多时间，但白伟伟为格桑村的发展做出了积极贡献：集体经济收入由2015年的3.5万元增加到6.5万元，村民人年均收入由2015年的8792元增加到12973.12元，将村里2000亩戈壁改造成了良田。

白伟伟生命中最明亮的时光，留在了这片他热爱的土地上。

得知白伟伟去世的消息，格桑村很多人都哭了。村党支部书记旦增白玛哭了，村主任索朗达杰哭了。村民普布卓嘎情绪难以自抑，"你怎么舍得离开我们呀！以前我儿子的电脑坏了，没人会修，你得知后，当天就利用休息时间来我家里……"村民洛桑卓玛说："现在日子越来越好，都没来得及说声谢谢，你却走了。你对我们家这么好，我要让小女儿益西卓嘎将你的故事写成文章，记在心里。"

邻近的桑嘎村村民赤列更才也哭了，"兄弟，你救过我的命，我一直想报答，现在你不在了，我该怎么报答呀！"

原来，2016年8月，白伟伟到医院给那次抗洪中受伤的脚拆线。他正准备离开医院时，得知桑嘎村一位名叫赤列更才的贫困户做手术需要输血，却一时找不到同血型的血。白伟伟得知自己的血型符合要求，马上对医生说，我愿意献血。

医生担心他的身体，建议他少输一点。他却急了："我今年才31岁，没问题！"就这样，他为赤列更才捐献了400毫升血。也许在平原地区献血400毫升不算什么，但这可是在海拔4000米的高原啊！

为了纪念他，2018年的春节、藏历新年，格桑村没有一家人开展庆祝活动。许多村民还自发地在家里为他祈福。长明的酥油灯，摇曳着发出柔和的光，寄托着格桑村的乡亲们对他的深切思念。

同白伟伟一样，西藏的扶贫干部，仿佛一朵朵藏地雪莲，真诚、坚韧、纯洁，给人们带来希望。而他们一腔赤诚无私奉献的事迹和精神，也如雪莲一样，长久地生长在这片雪域高原上，在蓝天下盛开，在阳光下绽放，温暖着人们的心灵。

《人民日报》2020年7月8日第20版

鹿西岛上，有位陈老师

周华诚

目送最后一个孩子走出校园，陈老师收拾收拾书包，锁上铁门，自己也踏上回家的路。陈老师家在鹿西岛的口筐村。从口筐到学校，从学校到口筐，一天两趟，早出晚归。

去学校的路不好走，翻山越岭的。凉凉的海风吹来，风里捎来岛上野果成熟的香气，也捎来不远处码头上的鱼腥气。新学期开始，孩子们长高不少，也晒得更黑了。鹿西岛上的孩子都是如此，海风咸咸的，加上日头一晒，孩子们肤色普遍黝黑，但一个个好像又都壮实了些。

陈老师走着走着就出了汗。这条山岭，陡峭的地方有40度角，几乎要手脚并用才爬得上去。翻山过来，一身汗。翻山过去，一身汗。走一趟，35分钟。碰上下雨天，那就遭罪了，路滑，伞撑不住，稍不注意就滑一跤。有时候走到学校，已经是一身泥了。

那时候陈老师常想，什么时候调出去就好了。

这里是温州东面的一个海岛，有个好听的名字，鹿西，属温州洞头区（2015年7月以前叫洞头县）。陈老师大名陈庆杰，师范学院毕业那一年，就被分到了鹿西中学教书。陈老师是土生土长的海岛人，从小就在岛上摸爬滚打。和岛上人一样，父亲打鱼为生。但奇怪的是，陈老师却晕船。父亲说，我们是靠大海生活的人家，看来你是没机会吃这碗渔饭了，那就好好念书吧。念好了书，出去工作，就能改变命运，离开鹿西。

那时候出去一趟，真不容易。出岛的唯一方式是坐船。一天只有一班船，到温州，天没亮就得起床去赶船，发船的时间也不固定，跟潮水有关。坐船需4个小时。每一次坐船对陈老师来说都是一种折磨。每一次坐船回来，陈老师就想，以后有机会，一定要离开鹿西。

这条山岭走了几年，陈老师还是没有调出去。按照县里的政策，大学毕业回原籍地工作，教满5年，就可以调出去了。可陈老师刚参加工作时，学校里的老师清一色都是本地岛民，清一色年龄都偏大。那时候陈老师年轻，心想为家乡做点贡献吧，先教几年，等新的大学生进来，再想办法调出去。

陈老师喜欢读书，也喜欢教书。他教物理，后来这门课叫"科学"，岛上孩子们都喜欢上他的课，一上课都瞪大了眼睛，好像这门课里装了一个新世界。从教室往窗外望一望，能望见大海上的渔船，能嗅到海风里的味道，也能想象到海岛之外的世界。

岛上生活艰苦。台风，暴雨，几乎年年有。损失严重的时候，连学校屋顶都被掀了，一片瓦也没留下。平常日子，岛上缺水，没有自来水，老师们都要去一口井边挑水。近的几百米，远的几公里。到了枯水期，井也干了，只能开船去对面岛上运水。后来有了运水船，一次运几十吨水，供岛上人生活饮用。

这都算好的，最难的是啥？找不到对象。年轻老师不愿来，来了也留不住。

岛上的人，陈老师全都认识。这岛上本来人也不多，低头不见抬头见，见了陈老师，不管老的小的，都会跟他打招呼："陈老师，放学了？""陈老师，吃了吗？""陈老师，我家那个小的，你管得严一点！"孩子们在路上见了陈老师，先是恭恭敬敬地叫一声"老师好"，然后就把陈老师拉到家里去喝茶吃饭。陈老师如不去，他们还不开心。

有一年，一位亲戚提供信息说可以帮他调往城里工作，问陈老师去不去。陈老师动心了，外面开出的待遇很高，生活条件好很多，机会自然也更多。而且在岛上，要找个条件相当的对象太难了。他几个晚上睡不着。思前想后，翻来覆去，最后却做了决定：留下来。为什么呢？因为那时候他教初三，孩子们能不能考个好成绩，能不能上个好学校，初三的作用太关键了。他教的初三，"科学"这一门课的成绩多次在全县名列前茅。想到孩子们的目光，想到家长们的信任，他怎么忍心半途把孩子们丢下，自己走了呢？

这一留，又是好多年。陈老师成了岛上的风景。每天他都早早来到学校，迎接孩子们到来。傍晚又目送孩子们离开校园。每一天，他都陪伴孩子们在琅琅书声里度过。岛上台风多。刮台风的日子，他和别的老师一起，分头把孩子们一个一个送回家。陈老师越来越喜欢这份工作，他教过的孩子们，每年都有人考上外面的学校，过了几年又去更远的地方上大学了。看着孩子们奔向更大的世界，陈老师感到很欣慰。

陈老师快30岁的时候，岛上的小学终于来了一位虞老师，一来二去，两人相互看上了。陈老师被任命为学校副校长，还兼任岛上成人文化技术学校的校长，工作事务多起来。他成了家，上班下班有了伴儿。

虽说口筐村离学校还是一样远，岛上却新修了路，打通了一条隧道，再也不用翻山越岭了。陈老师买了一辆摩托车，突突突的声音里，岛上的渔民经常看见陈老师骑着车，后面坐着虞老师，风里来，雨里去。岛上的人见了，还是会向他们招招手，远远地，大声问："陈老师，放学了？"

陈老师越来越喜欢岛上的生活。2006年，外调城里的机会再次出现，但陈老师悄悄婉谢了。这年陈老师转换频道，开始专心做他的成人教育。成人教育，从当初的"扫盲"，到后来的文化素质提升，再到技术培训、社区教育，一年一年办下来，岛上很多成年人都成了陈老师的学生。陈老师在课堂上讲什么？国内国际时事，中国优秀传统文化，生活美学教育，健康养生知识，先进科学技术……真的是包罗万象。陈老师在村民活动中心开设了一个"鹿岛讲堂"，每周一次，一次半天，讲堂一开，居然开了20年。有位刘奶奶，今年94岁，讲堂次次不落。陈老师担心她的身体，劝她天气不好就别来。刘奶奶嘴上应允，到了时间还是风雨无阻。

　　2011年，岛上的中学撤并后，岛上的小学教育质量也有所下滑。2012年的秋天，新学期开学前，一些家长找到陈老师，觉得他能力强、经验多，希望他把小学管起来。区里领导也找到陈老师，让他把教学质量抓起来，把师生们的积极性调动起来。

　　陈老师挑起了重担。在师生们的共同努力下，学校面貌一新，学校管理变得精细了，教师队伍变得精干了，校园文化变得丰富了，学生的学习热情提高了，教育教学质量也整体提升。到了2013年7月，小学毕业班共60个孩子，有12人被温州一所民办学校录取，取得了很好的成绩。这座海岛学校，先后荣获洞头区"华中"教学质量提高奖和"华中"教学质量贡献奖，陈老师也连续两年在区里做了典型发言。

　　又过了几年，陈老师的校长任期满了，原本是可以调离海岛的，领导也答应给安排条件好一点的岗位。但是陈老师再次婉拒了。他说，还是让我留在鹿西岛，继续做成人教育吧。

　　陈老师说，他已经习惯小岛的生活了。你别看鹿西岛小，但是在这里生活得越久，你就越喜欢它。

　　岛上生活简单，日子宁静。算下来，陈老师已经在岛上教书20多年了。现在他最喜欢做的事，还是下班后跟虞老师一起，在岛上散个步。路上碰到的每一张面孔都熟悉。要么是他教过的学生，要么是他教过的学生的孩子，要么是他后来成人学校的学生——不管怎么样，他一路散步，人家就一路跟他打招呼："吃了吗，陈老师？""陈老师，到家里喝一碗酒啊！"

陈老师说，我这辈子，在岛上也没干出什么大事，一年一年，都是平淡的生活。但是，让陈老师感到自豪的是，他教过的孩子们，很多都离开了海岛，远走高飞，飞到了全省乃至全国各地，有的还成了不同行业的优秀人才。"我现在年纪也大了，我觉得很幸福，也不想离开海岛啦！"陈老师笑着说。

风平浪静也好，大风大浪也好，陈老师就在那里，坚守在岛上，把一艘艘梦想的小船送了出去，乘风破浪，驶向无比壮阔的远方。

《人民日报》2020年9月23日第20版

氾光湖上那盏灯

王向明

一

太阳还没有完全睡醒，氾光湖居民家里的灯就陆陆续续亮了起来。要不了多久，集市口就会变得热闹嘈杂，拉桌子，摆凳子，蔬菜、肉、鱼、蟹，一个个摊位摆好，氾光湖百姓一天的日常生活就开始了。

氾光湖不是湖，原本是江苏省宝应县的一个乡，东临京杭大运河，西靠宝应湖，南接高邮湖，方圆63平方公里。1999年，县里乡镇区划调整，氾光湖乡撤销，并入氾水镇。派出所也一同合并，只保留一个警务室。工作踏实、口碑好的李树干，不出意外本来是要去镇上的。谁知，氾光湖的百姓得知他要走，联名写信请求让李树干留下来。

所长征求李树干的意见，他没说什么，只说回去想想。看着信上一个个熟悉的名字，李树干的心里突然就像生出了根，那根，牢牢地扎进脚下这片土地。

从此，李树干守着一个人的警务室，日复一日做着平凡的基层警务工作。

多年来，有事找老李，成了氾光湖百姓习以为常的一件事。早些年，从这里去镇上只能靠摆渡。年轻人出去打工，老人和孩子留守在家。于是，哪家有办户口、交电费、买药的事儿，都会找到李树干。他趁着去所里开会的空当，每一件都办得妥妥当当。

这些年，每天清晨6点，不用闹钟，李树干就会醒来。先到集市口转转，哪个摊位占道了，哪家车辆停放影响交通了，他都要顺一顺，既要让摊主做得了生意，又不影响百姓正常通行。

管理好集市口，天已经放亮，家家户户的烟囱陆续冒起了烟。如今氾光湖的居民已经用上了煤气，但同时还保留着乡村原有的做饭方式。干净整洁的厨房里，除了抽油烟机、煤气灶，还会盘上一个地灶，上面放着一大一小两口锅，大锅炒菜，小锅蒸米。做饭时，屋顶的烟囱一冒烟，厨房里的香味紧跟着就飘了出来。

早上7点，李树干就开始了入户走访。他要赶在村民家里烟囱冒烟的时候去。过了这个点，村民有的下地，有的去打工，家里常常是铁将军把门，想见到人不容易。

村民们看见李树干过来，从来不跟他见外，自己一家人吃饭，顺手给老李也盛一碗。李树干摆摆手，说吃过了，顺势在饭桌前的长条凳上坐下，掏出本子。有新情况他就记下来，没有就速战速决，临走的时候不忘叮嘱一句："马上年底了，自己养的鸡鸭鹅，该卖的卖，该腌的腌，别让'三只手'的偷了去。"村民笑着回他："偷了的话，你给我们把人抓回来。"李树干也半开玩笑："要是吃进肚子里的，可给你吐不出来。"一家子人都笑了。李树干也笑，边笑边拿起登记的本子，转身去走访下一家。

二

李树干是"全国公安系统二级英模"、全国"公安楷模"。2020年5月，在省公安厅、市公安局，还有县里的领导和同事共同见证下，李树干荣誉退休。

虽然脱下了警服，但李树干并不觉得是真正退休了。警察生涯虽结束，但自己还是一名党员，只要氾光湖百姓需要，随时能发挥余热。这不，组织上又任命他为村里的党支部副书记，尽管一分钱工资没有，但他的干劲却一点儿没减。

妻子笑他，这辈子就是当牛拉车的命。李树干也不反驳，反而挺喜欢这个比喻。牛最为勤恳踏实，退休后能像老黄牛一样继续耕耘，也算是增加了生命的厚度。

从家中出来，李树干下意识地往集市口走去。那条他穿着警服走了30年的路，从土路、煤渣路到现在平整的水泥路，他见证了路的变化，也见证了百姓从贫穷走向小康的过程。

还没走到集市口，大老远就听见有人在吵。卖菜的老张和卖鱼的老华，正在为摊位界线的问题争得面红耳赤，眼看着就要动手。老张看见李树干走过来，大老远就喊："老李，你过来评评理！"

李树干看了看，一句话也没说，转身就要走。老张纳闷，问李树干："你咋走了？"李树干说："我已经退休了，你们的事也管不着了。"老华一听也蒙了："老李你不管了，以后我们找谁？"李树干回得很干脆："你们爱找谁找谁！"老张说："那可不行，我们不管你退休不退休。你断事一碗水端得平，向来不洒不漏，该找你还找你！"

其实，李树干不是真不管，只是想来个冷处理。泛光湖这块土地上，有多少条路、多少条河、多少亩地，有多少户人家，每家有几口人，哪些出去打工了，哪些留守在家，李树干的心里都有一本清晰的账。遇到矛盾纠纷，哪些人吃硬，哪些人吃软，哪些人要抬着哄，哪些人要晾一晾，李树干的心里跟明镜一样。

这两人没什么深仇大恨，无非是因为鸡毛蒜皮的事而产生的面子问题，晾一晾就行了。李树干问老张："吵了半天你得到了啥？"老张摇摇头。又问老华："你得到了啥？"老华不吱声。李树干语气严肃地说："折腾半天，肚子气鼓了，啥也没得到，你们图的啥？"两人相视无语。李树干一手搂着一人的肩膀，语气缓和起来："远亲不如近邻，你俩摊位挨着摊位，长年累月搭帮子做邻居，和和睦睦多好。来握个手，这事就算过去了，下次再闹这一出，我可就真不管了。"

两人的手握在了一起。此时，太阳已经爬过了头顶。

刚回到警务室，板凳还没坐热，李树干接到了顾欢的求助电话。顾欢是李树干的徒弟，刚从警校毕业没多久，局里安排他负责泛光湖警务区，算是接李树干的班。

警情并不复杂。村民老王把收割稻子的活儿承包给小张，小张将收割机开到地头后，老王觉得要价太高，反悔不干了，打电话又联系了外村一个收割机手。小张一听火了，我大老远把车子开过来，你说反悔就反悔，我的损失找谁要去？就这样，两人争吵起来，愈吵愈烈。

顾欢没种过地，不清楚割稻子的费用，也不知道这种纠纷该怎么调解，只得求助师傅。李树干车子还没停稳，小张就三步并两步走过来："老李，你断事公道，你说这事咋办？"了解事情的来龙去脉后，李树干把老王拉到一边："你找人家事先不问价格，人家来了嫌贵，又找别人，确实有点说不过去。我给你算算，后找的这个，1亩地便宜10块钱，10多亩算下来，省了100多块，这样的话，你给人家小张贴补50块钱的油钱，还省了大几十块。"老王想了想，这账算得不错。见老王点了头，李树干又把小张拉到一边："都是乡里乡亲的，低头不见抬头见，别伤了感情。你这路程也不远，烧不了多少油，我做主了，给你贴补50块钱的油费，你看行不？"小张听了，说："钱倒是次要的，没他这么做事的，态度也不好。今天看在你老李的面子上，这事算了。"

刚才还剑拔弩张，师傅三下五除二给解决了，顾欢打心眼里佩服。回去的路上，李树干告诉顾欢，做社区警务工作，群众基础很重要，平时你心里装着大伙，乡亲们才不拿你当外人。

三

顾欢永远记得第一次走访时候的尴尬。

　　那天，李树干带着顾欢入户调查。到了一户居民家门口，李树干对顾欢说："你敲门，我站你后面，就全当我不在。"门开了，探出一个脑袋，对方还没说话，顾欢一本正经地说："我是派出所的，到你家做个入户调查，请你配合。"里面的人打量了顾欢一番，没说话，转身就要关门。这时，李树干突然从后面冒了出来："老赵啊，路过你家，看看你这儿有没有需要帮忙的？"老赵一看是李树干，立马露出了笑脸："老李啊，快进来喝口水。"

　　从老赵家出来，顾欢一脸郁闷。李树干安慰他："别泄气，这次吃闭门羹，是你说话的方式不对。跟老百姓打交道，就得学会用老百姓的语言。你上来一脸严肃，说是派出所的，要调查人家，还让人家配合，人家以为自己犯了多大事呢，哪个愿意配合？"

　　为了早点让徒弟了解辖区情况，李树干带着顾欢上渔船、进农家、下农田。遇到渔民收网，他袖子一挽，撑船的水平不亚于一个老渔民；遇见马路上晒粮的，眼看着要被雨淋着了，他把摩托车往边上一停，拿起簸箕就帮忙；眼看误了种地的农时，留守老人家的秧苗还没插，他卷起裤腿一干就是一晌。

　　走的村组越多，见到的村民也就越多，顾欢发现，师傅无论走到哪儿，大家看见他都是满脸热情，像是看见了自己家里人。李树干也会趁机把顾欢往前推，逢人就说："这是我徒弟小顾，我退休了，以后他给你们跑腿。谁要敢欺负他，我可不愿意。"李树干说这话的时候，满脸带着笑。村民知道那是在开玩笑，都拍着胸脯保证："老李你放心，谁要不配合小顾警官，我都不能答应。"

李树干退休后，那辆跟随自己多年的警用摩托车，传给了顾欢。一天跑下来，前后挡泥板上沾满了泥渍。李树干拿着毛巾擦了一遍又一遍，一边擦还一边吹，轻轻地摸着这个曾陪着他风里来雨里去的老伙计。仿佛他擦的、摸的不是摩托车，而是一枚闪着金光的勋章。

走访结束，已是暮色四合。李树干和顾欢开始整理一天的走访记录。袅袅炊烟又在屋顶升腾起来，氾光湖百姓的一天开始打烊。警务室里却依然灯火通明。从高处俯瞰，京杭大运河与湖水环抱间，警务室就像是一盏点亮氾光湖的灯。看见它，就看见了光明，便感受到温暖和踏实。

在氾光湖百姓眼中，正是有了李树干年复一年的守护，他们的生活才得以平安祥和。在李树干看来，他终将会慢慢老去，但不管是他，还是徒弟顾欢，抑或是其他同事，总会有一个人头顶警徽，驻守在氾光湖，点亮警务室的那盏灯……

《人民日报》2020年12月21日第20版

山间那一串串足迹

王子潇

一

第一次进左江村的情景，袁桂雄至今难忘。

左江村，地处株洲市茶陵县腰潞镇西北部，深居群山之中，是湖南省级贫困村。2015年10月，袁桂雄作为株洲市民政局派出的驻村扶贫干部，到左江村任驻村帮扶工作队队长、第一书记。

第一次坐车进左江村，袁桂雄一路揪心——弯多且陡，坑洼不平，有的地段甚至无路可行。路一面临山，高岩悬立难望顶；一面临谷，拐弯抹角贴崖边。靠近山谷一侧，没有任何护栏，山路仅一车宽。

进村入户，了解情况，"行路难"也是百姓反映最多的问题。"这路别说做买卖，想出去访亲都不易。"村民感叹。

解决村路问题，是百姓关切，也是村子发展的当务之急。

袁桂雄带着工作队，找到县公路局，反映村子修路的迫切性，讲明修路的想法。县公路局很支持，派来专家帮着商量方案，拟定预算。考察路况后，专家告诉袁桂雄，修好这条路，起码200万元。

"为啥这么多？"袁桂雄连忙追问。"附近山体，都是花岗岩，想开路扩道，必须炸石。加上正常施工物料、人力等，至少也得这个数。"专家拍拍袁桂雄的肩，"经费不是小数，而且施工难度大，你确定要干？"袁桂雄没有犹豫："必须干！路好才能发展好，要不我这帮扶工作队队长就白当！"

修路的消息很快传开，牵动了乡亲们的心。路口、田间、村头、杂货店，村民们只要一照面，就会议论起来："听说袁书记要修路，不知道这事靠谱不？""要是能修好，那就方便多了，以后多攒钱，咱也买小车。"

百姓们越是热议，袁桂雄越感压力。大家都盼着呢，这头一桩大事要是没做好，后面的工作还咋开展？这就是"背水一战"，非干成不可！

要修路，资金是关键，需要帮扶单位的支援。袁桂雄一趟趟往县里跑，往市里跑，一家家联系对口帮扶单位。帮扶单位也知道，事关脱贫成效，也都全力支持。可要一下拿出这样一大笔钱，各家单位的经费也确实捉襟见肘。有人给他出了一个主意——现在省里、市里，围绕基础设施建设，有相关的扶持政策和项目资金，你不妨再问问相关的交通运输部门？

咋把这茬忘了！袁桂雄连忙联系省里和市里的交通运输部门，找寻资金，寻求资源。还别说，功夫不负有心人，经过一番奔波，真的争取到项目资金，加上各帮扶单位的支援，首批修路资金顺利到位。

2016年春，伴随一声轰隆隆巨响，修路工程启动了。

袁桂雄每天都很兴奋，白天到施工路段看工程进展，晚上和施工技术人员交流施工难点。袁桂雄提出明确要求：宽阔两车道，路边有防护，两侧能排水，急弯要取消。简单来说一句话，要修就修到最好。

可是，要求高，成本也高。很快大家就发现，目前的经费根本不够用。

先是低估了炸石的费用。原以为炸石开路，30万元就能解决，结果开工后发现，很多路段炸石难度极大，成本超出预期。尤其是许多急弯，想要变成缓弯甚至直路，炸石成本更是激增。

再是施工进程放缓。因为低估了炸石开路的难度，许多节点没能按期打通，工程进展逐渐滞缓，一环拖一环，经费不足的影响也随之扩大。

有人建议："袁书记，现在经费紧张，施工难度又大，要不有的急弯就别改了，或者排水系统缓缓再做？"袁桂雄一听，坚决反对："要做就做到最好，决不能做半吊子，留遗憾！"

袁桂雄再一次去寻求帮扶单位的支持，一家家说，一个个讲，有时在一家单位一耗就是一上午，只为再争取一点资金。帮扶单位知道他一番苦心，也咬紧牙关想办法，尽力筹措。施工队也不断优化设计，力求施工进度和成本控制达到最佳。

那段日子，袁桂雄不是在筹钱的路上，就是在和施工队商量修路方案，白头发多了，人也瘦了一圈。左江村的百姓看在眼里，心中深感袁书记是个干事的人。

经过一年的努力，2017年春节，左江村前的这条路顺利竣工。伴着噼里啪啦的鞭炮声，左江村村民们热切欢呼。车行路上，雨天不陷泥、晴天路不颠，车畅路畅，心情也畅。看到乡亲们那喜悦的表情，袁桂雄内心有说不出的激动。能为乡亲解决好这件大事，这一年，就没白干！

除了修村路，袁桂雄还和工作队、村两委一起，带领村民改造电网，增设路灯，修缮危房，筑建新居，打造文化长廊，整洁村容村貌，建起文体广场……从硬件入手，让村子焕然一新。"衣亮心也亮，让大家感到村子外在的新变化，才有更好的精气神。"看到左江村村貌巨变，袁桂雄笑哈哈地说。

二

致富靠集体，脱贫靠产业。这是袁桂雄总挂在嘴边的一句话。

左江村13个村民小组，1600多人，382户，其中建档立卡贫困户就有61户。村子劳动力外流严重，留守多为老幼妇女。翻看村账，集体经济几乎为零。

左江村山地多，耕地少，依靠传统种植，难有出路，也难成规模。袁桂雄一直琢磨，必须因地制宜，找到适合左江村发展的产业。

茶陵县传统产业，是茶陵黄牛。养牛虽好，未必适合每家每户，还是得有其他产业作为补充。袁桂雄时常一个人在山里走，望着大山，看着林子，边走边想：这片山地，还适合做点啥呢？

转机出现在2016年的一天。

那天，袁桂雄一大早到县里开会，恰听说县里要招商引资，引进优质项目。袁桂雄心里一动：这是好机会呀，正愁村里产业弱呢，若是有合适的，正好引进来。袁桂雄留心打听，突然有三个字传入他的耳朵——杭白菊。

杭白菊，是菊花茶里的名贵品种，平肝明目、清热解毒，原产地在浙江桐乡，市场口碑良好。袁桂雄有喝茶习惯，对"杭白菊"早有耳闻。若是能在左江村发展杭白菊种植，既充分利用左江村山间土地，又能带动广大农户尤其是妇女和老人参与，岂不是一举两得？

袁桂雄越想越兴奋，但转念又冷静下来。这杭白菊，适合在左江村种吗？

与其空想，不如实地考察一番。袁桂雄立刻赶到桐乡，仔细了解当地杭白菊种植、市场等情况，又把专家请来，看看左江村适不适合发展。细致调研之后，专家给出结论："左江村可以种，而且是发展高山杭白菊的好地方！"

那一刻，袁桂雄心里比吃了蜜还甜。

想法虽好，可真干起来，袁桂雄还是碰了一鼻子灰。

左江村没有种菊传统，村民们对杭白菊一不了解，二没种植经验，谁敢轻易干？袁桂雄带着工作队挨家挨户给村民做动员，讲产业前景，讲发展优势，一说就是大半天。嘴皮说干，嗓子说哑，碰到的还是不吱声或摇头——"袁书记，我们没种过、没经验，不折腾了""养牛挺好，种菊没兴趣，不想费功夫"……

袁桂雄渐渐明白，要打消村民顾虑，必须在技术和收入上，让大家吃上定心丸。

袁桂雄先从浙江请来杭白菊种植专家，告诉大家，种植期间，专家手把手教，遇到问题，随问随答。又告诉大家，有土地流转收入，有劳务收入，菊花培育得好，到季采摘后，回收价格高，保证大家不吃亏。这样一来，村民心里有了底。一番动员后，村民们决定：听袁书记的！

村集体先是从各农户手里，流转几百亩土地种植杭白菊，又引入本省的农业产业公司，成立农业合作社，以"公司+集体+农户股"的模式，发展杭白菊种植。引进浙江桐乡的杭白菊品种，买来杭白菊杀菌、烘烤设备，袁桂雄还亲自参与设计包装，联络销售渠道，找帮扶单位，找亲朋好友，找县里领导，大力推广左江村杭白菊，当年销售额就达到130多万元。

杭白菊产业的局面，算是打开了。

成绩固然很好，但袁桂雄也看出了一些问题。比如有的农户种植时偷懒，觉得有土地流转费等收入就够了，何必再下力气保证菊花的品质，大不了这部分钱不挣了。于是敷衍应事，消极看管，导致部分菊花品质低、卖不出，拉高了总体成本。

利润少了，大家没积极性了，产业就难以持续。袁桂雄和工作队商量对策，决定调整报酬分配形式，若不用心种植、悉心看管，影响了菊花的品质和销量，到手的钱就会相应减少。第二年，方法推广，果然奏效：用心的农户，收入更多；一些偷懒、不干的农户由于收入变少，也不得不更加上心。杭白菊种植的规模稳定下来，品质也好了许多，成本管控给种植户带来了更高的利润。村民朱三春，一年种了6亩菊花，收入1万多元。拿到钱时朱三春激动地对袁桂雄说："袁书记，以后我就这样干了，这日子有奔头！"

除了杭白菊，袁桂雄还带领村民种黑米、种红心柚、搞绿色乡村游，村民房前屋后栽着柚子树，结果后还有2000元收入。黄牛、白菊、黑米、红心柚、绿色休闲，为左江村打出了"五彩左江"的招牌，村民致富了，村子大变样。

三

2018年8月，茶陵县脱贫摘帽。此时，袁桂雄在左江村，扶贫已近三年。

结束左江村扶贫后，袁桂雄没有回城，而是主动请缨，到茶陵县枧田村，带领枧田村村民致富奔小康。

枧田村山美林茂，溪河蜿蜒，水系发达，水质良好。一到村里，袁桂雄便被这里清亮亮的水吸引，顿时心生在水上做文章的想法。

袁桂雄找到株洲市畜牧水产局，向专家取经：枧田一村好水，适合做点啥？

专家看过资料，立时点拨——稻虾经济！

这四个字，让袁桂雄激动不已。如今小龙虾市场火爆，株洲市市民吃夜宵，小龙虾是桌上的"常客"。枧田水质好，养虾错不了！

专家到村里调研，出具了研究报告：水土合适，适宜稻虾经济发展。袁桂雄又到益阳市南县，考察当地稻虾经济发展模式、经验优势，心里更是有了底：这产业，在枧田，有前景！

回到村子，袁桂雄和帮扶工作队、村两委商量思路，决定动员村民，一起干起来。有过左江村杭白菊的发展经验，袁桂雄这次动员，可谓驾轻就熟。袁桂雄请来专家驻村，告诉乡亲们，小龙虾养殖，有专家指导，尽管放心。又告诉乡亲们，稻虾经济保水保土，市场前景好，预计收益高，还把专家报告和南县的资料给大家看。乡亲们早听闻袁桂雄在左江村的好口碑，对他本就信任，加上这样细致的介绍，立时下定决心，纷纷报名参加。有的村民，担心前景，略显犹豫，其他村民帮着劝："看看左江村，就知道袁书记这么干，没问题！"

成立合作社，流转村民土地，外购虾苗，悉心培养……袁桂雄下到水田里，察看小龙虾的成长情况，和村民交流养殖心得；在微信朋友圈推广，找媒体宣传，讲述枧田村小龙虾的卓越品质。有朋友、同事来看他，袁桂雄亲自下厨，烹一道麻辣小龙虾，秀秀手艺之余，还连连叮嘱："帮我们多宣传宣传！"项目2018年启动，2019年即见成效，一年下来收入几十万元，务工农户一年可增收几千元。

龙虾品质好，市场销路畅。大家趁热打铁，把养殖面积扩至220亩，优化虾苗种类，提升龙虾品质。现如今，越来越多的人到这里买龙虾、吃龙虾，枧田村小龙虾成了当地的招牌。袁桂雄又借势开展乡村旅游，打造生态果园。枧田村的村民，日子越来越红火，也越来越信任他。

四

认识袁桂雄久了，会发现他有一个小秘密——在山间行走，总会看到他穿两只不同的鞋，一只宽松的拖鞋、一只合脚的皮鞋。为啥穿的不一样？出门急穿错了？

原来，袁桂雄有严重的痛风病。常年驻村，辛劳奔波，休息饮食不规律，稍不注意，就容易犯病，严重起来，左脚肿痛难忍，根本无法穿鞋。可他作为帮扶工作队队长、第一书记，本就工作繁多，加上村民们信赖他，大事小情总找他。有时痛风发作，却有工作在身，没法休养，只能把肿起的脚换上拖鞋，吃几粒去痛片，撑着去工作。

一只拖鞋，一只皮鞋，在左江村、枧田村的山间田野，留下串串一大一小的脚印。这是袁桂雄扶贫之路上，一心为民、无私奉献的坚实足迹。

《人民日报》2020年12月28日第20版

寻找坚守的答案

李朝德

一

清晨5点20分，天还没亮，大地一片寂静，整个县城都还在睡梦之中。

云南丽江华坪女子高级中学，位于华坪县城最北边狮子山脚下。暗夜中的女生宿舍，一扇窗子亮了。随后，门"吱呀"一声开了一道缝，校长张桂梅从女生宿舍301走了出来。她轻轻带上门，一手拿着手电筒，一手扶着栏杆，斜着身子慢慢向楼下走去。每天这个时刻，她要到楼下搭乘两轮电动车，去往离宿舍楼300米远的教学楼。

张桂梅校长没有存款，没有住房，她住的是女生宿舍，同住的还有4个女生。

张桂梅校长更没有专车。楼下骑电动车接送她的小李，主要工作是学校的门卫。

几年前，由于终日奔忙劳累，再加上多种疾病折磨，张桂梅的身体严重透支，走几百米路都觉得吃力。两年前，小李兼任了学校的司机，驾驶着自己的电动车接送张桂梅上下班。

5点30分，张桂梅到达教学楼下。接着是爬台阶，从1楼到4楼，走一段路，歇一会儿，把走廊上的灯打开。然后，张桂梅用小喇叭喊："姑娘们，起床读书了！快点，要迟到了！"

几分钟后，400多名穿着红色校服的学生跑步进入教学楼，开始打扫教室内外的卫生。5点45分，整栋教学楼响起了琅琅的读书声。6点，张桂梅开始一间一间地巡查教室。从早到晚，每天巡查7趟。

晚上，张桂梅再次拿起小喇叭对着宿舍楼喊："姑娘们！休息了！"然后，把灯一盏盏关掉，整个校园顿时安静下来。

小喇叭贯穿学校的每一天，喊起床，喊早读，喊宣誓，喊唱歌，喊吃饭，喊午休，喊晚休……张桂梅是学校第一个起床的老师，也是最后一个休息的老师。自办校起，已经坚持了12年。

一位老师的理想是什么？一个共产党员的初心是什么？让我们沿着时光溯流而上，寻找答案。

二

张桂梅的老家在黑龙江省牡丹江市。她身世坎坷，少年时丧母，后随姐姐支边到云南，不久后父亲去世。1993年底，她的丈夫被诊断为胃癌晚期，14个月后，也离开了她。

1997年4月，张桂梅被诊断为子宫肌瘤。那时，她到华坪县还不满一年。一边是自己的病情，另一边是3个月后就要中考的学生。该如何是好？

张桂梅的眼前浮现出孩子们求知的眼神。她想，这个时候自己如果抽身而退，会害了这群孩子。最后，她选择把诊断书锁进抽屉。

为了让学生们考出好成绩，张桂梅拼命工作，常常是深夜1点才休息，早上6点就起床。就这样，一直坚持到7月，把学生全部送进考场后，她才住进医院。

手术后，医生要求张桂梅最少休养半年，可她仅休息了20多天，就又走上了讲台。她边吃药边治疗边上课，实在没有力气了就拿把椅子坐着上课。领导、同事和学生都多次劝她休息，可她说："我是老师，讲台就是我的生命，只要有一口气在，我就要在讲台上。"

后来，县里领导知道了她的事，深受感动，表示一定要帮张老师治好病。随后，张桂梅的事迹广泛传播，听者无不为之动容。

三

在教学中，张桂梅发现了一个奇怪的现象：来自偏远山区的女生本来就非常少，假期过后，还总要"消失"几个。一打听才知道，有些辍学打工去了。了解情况后，张桂梅感到很不安。她决定，要把这些女孩找回来。

那些女孩散在那么多的大山里，你能找回来多少呢？有人问。

张桂梅的回答是，能找一个是一个，在我的班级里，不能有一个学生辍学。

为了解辍学女生的想法和她们的家庭，张桂梅走上了漫长的家访路。辍学的女孩住在深山各个角落，她就一个一个去寻找。她一遍遍做工作，承诺不要她们父母一分钱，只要允许她把孩子带去上学就行。

2001年起，张桂梅义务兼任华坪县福利院院长。福利院里有一些是被遗弃的女婴，看着这些孤儿，张桂梅陷入了沉思。一个有文化有知识的母亲，一般不会丢弃孩子，也不会让孩子辍学。张桂梅感到，如果自己不为这些山区女孩们做些什么，那将是一种莫大的遗憾。

她又想起自己生病时，这里的人们给予的热情帮助。终于，张桂梅说出了她的梦想：办一所免费的女子高中，让山区的女孩不因贫穷而失学。

这个大胆的想法，让人们错愕不已。旁人纷纷劝她，你这身体，先保重自己要紧。创办免费高中，哪里是一件容易的事？张桂梅生气地说，我们能等，但大山里的女孩等不得。

自2002年起，张桂梅为创办一所免费的女子高中，走上了漫长而艰辛的募捐路。她复印了自己的所有证件，一到假期就到各地筹款，逢人就诉说她的梦想。"请支持我们，请关注山区孩子的命运，帮帮我们吧！"

很多时候，募捐一天一无所获，还要倒贴交通费、住宿钱，张桂梅疲惫地看着城市里闪烁的灯火泪流满面。有人劝她，算了吧，你已经尽力了。那时候，张桂梅已经获得很多荣誉——全国先进工作者、全国师德标兵、云南省先进工作者、云南省思想政治工作先进个人……如此多的荣誉，足以让人生闪闪发光。但张桂梅为了心中的理想信念，却选择去吃苦头。

四

转机于2007年出现。那一年，张桂梅当选为党的十七大代表，记者对张桂梅做了采访。后来，关于张桂梅的报道见诸报端，引起了社会的普遍关注。

在各级党委政府的共同努力和社会各界的关心支持下，张桂梅梦寐以求的免费女子高中——华坪女子高中终于在2008年9月1日开学，并迎来第一批100名贫困女生。

女高创办后前景看似一片光明，可是还没等到首届学生毕业，张桂梅再次遭受挫败。17名教师，9名选择离开。条件差、压力大、要求高，教师队伍眼看就要解散。更让张桂梅丧气的是，6名学生也提出转学。

张桂梅的情绪低落到了极点，难道女高真要解散了？虽说县里会妥善安排，分流学生到其他学校，并且承诺依然免费，但这群孩子能跟得上其他学校的教学节奏吗？以后呢，山里其他女孩怎么办？

张桂梅怔怔地看着窗外。一只蝴蝶在窗台上飞飞停停，这是当地山里常见的一种小蝴蝶，虽然普通，却是那么轻盈自在。这些大山里的女孩就像这一只只小蝴蝶。如果耽搁了大好的青春时光，就相当于折断了人生的翅膀。张桂梅触景生情，忍不住热泪滚滚。

在整理教师档案时，张桂梅意外地发现，留下的8名教师中有6名是党员。这让她一下子看到了希望。张桂梅决定连夜开会，把6名教师党员集中起来。她请美术老师在二楼走廊画了一面鲜红的党旗，把誓词抄写在墙上。她带领大家重温入党誓词。铿锵有力的誓言，在走廊上回荡。张桂梅说，我们党有着光荣的革命传统，只要有一名党员在，阵地就不会丢。今天加上我，有7名党员，我们难道还要离开吗？我们可以走，但这些学生能去哪里？我们有退路，但这些学生能退到哪里？大家听了，泪光闪闪，都说，张老师别说了，我们不走，你说怎么干就怎么干。张桂梅说，那好！我们向党旗宣誓，一定要把女子高中办下去，一定要把大山里的女孩送进大学！

张桂梅找到了一条办学之路，继承光荣革命传统，用红色教育理念激励全体师生坚定理想信念，面对艰难困苦绝不退缩，顽强奋斗直至成功。

实践证明，这个教育理念成功了。为了心中的理想信念，大家克服困难，全力以赴。3年后，第一批学生毕业，坚持到最后参加高考的有96名学生，她们全部考上了大学。

高考放榜那天，师生们热情拥抱，然后找个角落，蹲在地上掩面而泣。

大地无言，青山为证。这些大山里的女孩，在这里振翅起飞了！

迄今为止，华坪女高帮助1804名大山里的孩子圆了大学梦。

迄今为止，张桂梅利用假期，坐车、骑马、徒步，对大山里1000多个家庭进行了家访，行程11万公里。

五

如今，患有多种疾病的张桂梅，身体大不如从前，走路小步蹒跚，就连从椅子上起来都要人搀扶。可她每天都在学校守着孩子们。有时是在校园里，提着喇叭大声提醒孩子们按点起床别磨蹭；有时就坐在一把老旧的藤条椅子上，静静地看着她的学生们。

她说，我要让姑娘们感到，我在守着她们咧！

学校操场旁的墙壁上，写着几米高的鲜红大字——"共产党人，顶天立地代代相传"。

至于她个人，张桂梅从不多说些什么。她摆摆手对毕业的学生们说，去吧，去闯出自己的天地。

孩子们说，我们想您了怎么办？

她说，想我，你们就看看远处的山，看看天上的云。

偶尔，她也会想孩子们。可她什么也不说，只是站在窗前，看着山中的蝴蝶翩翩起舞……

《人民日报》2021年2月8日第20版

高原上有这样一位医生

杜文娟

一

2010年夏天，我去西藏阿里采访。阿里平均海拔4500米，风吹石头跑，氧气吸不饱。那里地处祖国西部边陲，除了土生土长的农牧民和边防战士之外，多年来，还有众多援藏者响应国家号召，沿着孔繁森的足迹，在雪域边疆默默地奉献着。

从拉萨搭乘越野车，沿雅鲁藏布江逆流而上，伴着喜马拉雅山和冈底斯山遒劲的风，一路向西。4天行程1600公里，终于看到喀喇昆仑连绵的雪峰，抵达阿里地区行署所在地狮泉河镇。这是一座戈壁小城，也是青藏高原西部方圆1000公里以内最大的城镇，当时常住人口不到2万。

采访进行得很顺利，无论是边防哨所、武警部队，还是当地百姓、援藏人员，都给了我很多帮助。认识陕西省第六批援藏医生罗蒙，便成为一件顺理成章的事。罗蒙是阿里地区唯一的男性妇产科医生，又是我的汉中老乡，我对他自然更多了一份敬重和亲近。

高寒缺氧，使得这里的孕产妇和婴幼儿常见病的发病率比较高。

记得一次采访一位军官，他的妻子也在旁边，聊完工作，我无意中问了一句，孩子多大了？谁知，军官的健谈瞬间消散，妻子也低头不语。一阵沉默后，这位军官极其伤感地说，结婚8年来，妻子数次流产，好不容易产下一个男婴，却因为缺氧而夭折。

这件事对我触动很大，也让我在这片土地行走时，对儿童变得格外关注。

二

一天，我随罗蒙医生到病房参观。一对双胞胎新生儿睡得正香，他们躺在长长的山羊毛被单中，细卷的羊毛快要触到小嘴里，罗蒙俯身把羊毛卷拨到婴儿脖子处。婴儿的母亲是一位牧羊女，他们的外婆正在一旁陪护。罗蒙跟婴儿的外婆和产妇比画着，叮嘱她们如何服药、用餐。离开病房的时候，他再次回头看了看那两个新生儿，喜悦之情溢于言表。他说，在阿里，双胞胎不多见，这对双胞胎健康状况良好，让人欣喜。我心中顿生感慨，从罗蒙发自内心的欢喜里，看得出他对自己的职业是多么热爱。

经过过道的窗前，我看见院子里有人从一个玻璃屋里挑水出来。这情景让我很好奇。罗蒙告诉我，阿里地区人民医院是藏西最好的医院，但用水用电还存在困难。冬季水管会被冻裂，医护人员每天要从井里汲水，住院病人也从井里取水。因为害怕水井结冰冻住，所以装了双层玻璃保暖。医生手术前清洁器械、洗手、消毒用的热水，都是先在火炉上烧好后再装到水壶中的，用多少倒多少。医院库房有一台腹腔镜仪器，落满了灰尘，没有人会使用，他正在琢磨着该怎么办。

三

此后，我又两次前往阿里。可与罗蒙都只是在门诊匆匆一见，实在不忍心把他从患者的包围中叫走。但是，关于他的故事却一直在耳边流传。他初到阿里的第一例剖宫产手术，就遭遇了惊险一幕。医护人员刚把婴儿捧在手中，产妇就胎盘出血。偏偏此刻忽然停电，于是只能借助手电筒和手机照明继续手术。在内地半小时的手术，这一次却用了整整3个小时，好在最终母婴平安。还有一位患卵巢囊肿的78岁老人，送到医院时肚子胀得很大，饭也吃不下，家人几乎要放弃治疗。罗蒙分析病情以后，决定进行手术，手术很成功。老人康复出院时，对罗蒙千恩万谢。这让罗蒙心中很不安，同时更深切地感受到，对于这里的患者来说，医生是多么重要。

2013年6月，经过严谨的准备和可行性论证，罗蒙他们首次成功开展了腹腔镜微创手术，治愈了一例宫外孕患者和一例子宫肌瘤患者。就在这一年的春天，我接到罗蒙的电话。他说三年援藏马上要结束了，自己已经提交了继续援藏的申请，但没有结果。后来我了解到，罗蒙的申请没有通过，他回到援藏前所在的陕西省汉中市人民医院工作。

又过了两年，我听说罗蒙到了拉萨工作，连忙电话联系他。罗蒙告诉我，自己最大的愿望是回阿里，因此援藏结束时，生活用品和书籍都没有带走，随时准备回去。本来他想调动工作去阿里，但是比较困难，于是辞去了原单位的工作，先到拉萨的一家民营医院当妇产科医生。对于罗蒙此举，我很不解。他自己却说，内地少了他，还有很多技术好的医生，但阿里不一样，那里的条件太艰苦。他在阿里，能帮大家一点是一点。得趁着年轻，到最需要自己的地方去，不要等到老了再后悔。

一晃又是几年过去。2018年的一天，我忽然接到罗蒙的电话，电话那头的声音非常兴奋："杜姐，告诉你一个好消息，我调到阿里地区人民医院了，这次是作为人才引进去的。"我连忙祝贺他如愿以偿。接着，我了解到，他的妻子是汉中一所中学的老师，本来舍不得他进藏，但妻子心里又很清楚，罗蒙20岁就入了党，虽然看起来温文尔雅，内心却铁骨铮铮，有强烈的使命感和责任心。罗蒙年近80岁的父亲也是一位妇产科医生，母亲是儿科医生，从事相同职业的两位老人对儿子的选择也非常支持。在罗蒙儿子心中，罗蒙曾经是个"不称职的父亲"，但当儿子看过爸爸的工作照和患者照片后，不再埋怨父亲，而是立下志向要报考医科大学，像父亲和爷爷奶奶一样救死扶伤。

四

今年春节刚过，我在微信上给罗蒙留言，问他是否回老家汉中了，如果路过西安的话可以一聚。他发来一段手术室的视频，稍后打来电话，说大年初五就回阿里上班了。现在这边血库建起来了，电力联网以后，用水、取暖都没问题了，医疗条件比以前好太多。没聊多久，罗蒙便匆匆挂了电话。

后来，我又联系上罗蒙的同事张春兰医生和其他医护人员。因为白天太忙，我与张医生他们只能晚上联系。在断断续续的交流中，我知道了有关罗蒙的更多现状。

如今，罗蒙已是阿里地区人民医院妇产科主任医师。只要罗蒙在，妇产科就敢接收病情严重的患者。如果他不在医院，只能将患者送往拉萨。阿里地区7个县的妇产科医生都有他的电话，遇到无法处理的病例随时请教他，半夜三更被叫醒已是常事。

前些年，罗蒙曾经救治过改则县一名子宫破裂的产妇，当时患者腹腔大量出血，处于休克状态，但血液紧缺，罗蒙顾不上手术疲劳和高原反应，撸起袖子献出400毫升血。当他和同事们献出的1400毫升鲜血缓缓流入患者身体时，患者得救了。现在，尽管医院有了血库，但血源有时还是会告急。患者急需输血时，首先就是动员全院职工献血。2019年7月，从普兰县转来一位妊高征产妇，术后出现大出血，病情危急，手术是罗蒙做的，恰好他与产妇血型相同，于是他毫不犹豫地献了400毫升血。至今，罗蒙已经先后献血10次，总献血量相当于成年男子换了一次血。

去年，罗蒙到措勤县达雄乡巡诊。听说乡上来了高明的医生，牧民纷纷前来就诊。其中有一个两三岁的男孩，尾椎骨部位溃疡了一大块。罗蒙邀约孩子到地区医院治疗，但孩子的父亲嫌太远，他们无法长时间离开牧场。这次带孩子到乡上来，还是搭了别人的三轮车，开了三四个小时才到的。罗蒙回到狮泉河镇后，便自费买了中药材和药油，研磨调制成药膏，再请帮扶达雄乡的同事带到乡上。由于在牧场手机没有信号，牧民又经常转场，所以只能捎去话，请孩子父母来取，并交代如何涂抹。就这样过了3个月，孩子的溃疡终于痊愈。但直到现在，孩子的父母都不知道是谁治好了孩子的病。

如今，康复出院的患者和家属，经常笑容灿烂地对着罗蒙竖起拇指，向他表示感激。调藏工作这几年，罗蒙先后接诊患者4000多人次，抢救患者100多人次，完成手术上千例。他带出了一支能够独立完成三类手术的医疗团队，有效保证了患者的生命安全和治疗效果，极大降低了这里孕产妇的死亡率。罗蒙在阿里地区的威望越来越高，先后被授予"全国对口支援西藏先进个人"称号，被中宣部评为"最美支边人物"。

在这片雪域高原上，像罗蒙这样的共产党员，还有很多很多……

《人民日报》2021年5月12日第20版

坡坡岭岭一片情

纪红建

"我也是学农出身"

和煦的春风拂过罗霄山脉，轻吻着湖南省炎陵县大地上的万物。坡坡岭岭上开满桃花，如铺开了一层粉红色云霞。

中村瑶族乡鑫山村的一个黄桃园里，走进一个熟悉的身影。他用微笑与桃花打着招呼，用粗糙的双手轻抚生机勃勃的桃枝。

来人叫谭忠诚，自从参加工作起，就双脚扎进泥土，从未离开炎陵。眼下，年过花甲的他，还兼任县黄桃产业办副主任，并在鑫山村经营着一个黄桃园。

此刻，他又想起了老书记。

老书记是株洲市政协原副主席、炎陵县委原书记黄诗燕。

黄诗燕，一个富有诗意的名字，可他的生命却永远定格在了56岁。2019年11月29日，在炎陵脱贫攻坚一线奋战9年之久的黄诗燕，倒在了罗霄山脱贫攻坚的第一线……

"您就是老谭！"黄诗燕紧紧握着谭忠诚的手说，"我也是学农出身。"谭忠诚常会想起与黄书记第一次见面时的情景，就像见到一位久违的老友。

中等身材，谦和敦厚。谭忠诚在心里打量着这位新上任的书记。那是2011年7月29日，正是黄桃丰收的季节，也是黄诗燕到炎陵担任县委书记的第34天。

彼时的谭忠诚刚卸任县科技局长，任株洲市科技特派员。那天他正在霞阳镇山垅村的黄桃种植基地作技术推广。

他们一边漫步在果园，一边聊着炎陵黄桃的过去与未来。

"炎陵何时开始种黄桃？"

"准确说应该是1987年。1986年上海的锦绣黄桃获了上海市科技进步一等奖，第二年我们就慕名去买了100棵树苗回来种植。"

"怎么想到种植黄桃呢？"

"说好听点，是探索。说得不好听，就是被生活所逼。"

"此话怎讲？"黄诗燕用惊诧的眼光看着谭忠诚。

"炎陵山连着山、坡连着坡，再加上是稻瘟病高发区，靠种植水稻根本吃不上饱饭，所以我们就种植果树。黄桃虽然本是北方品种，但炎陵比较适合种植。"

"为什么？"

"其一，炎陵海拔高，温度较低；其二，炎陵沙性土壤多，透气性好。炎陵的黄桃，又香又脆又甜，非常受欢迎。"

"全县种植了多少亩？"

"只有5000多亩，而且超过50亩的种植大户还没有。"

"既然黄桃品种和效益都好，为什么不扩大种植规模，将其发展成炎陵的特色产业？"

"想过，但反对声不少。以前种植柰李和新世纪梨面积过大，后来市场不好，不少老百姓只有把树砍了。他们也怕黄桃种植面积过大，没人要。而且黄桃对技术的要求很高。"

"看准了就得大胆干，技术不是问题，农业部门全面提供技术保障。"

随后，他们来到村支书陈远高家的黄桃园。陈远高兴奋地介绍着黄桃。

"包装盒不行，不能与炎陵黄桃的品质相匹配，必须打造和宣传好这个品牌。"黄诗燕严肃地说道，"必须改，现在就改。"

黄诗燕确实是有些急。地处湘东南井冈山西麓的炎陵，是井冈山革命根据地主要县之一。在长期艰苦的革命斗争中，这片土地上曾有3.8万名儿女献出了生命。但是如今，全县贫困发生率达19.5%，农民人均年收入仅2970元。

2011年底，炎陵县委、县政府将黄桃产业列入"一带八基地"特色产业发展规划，作为"重中之重"来发展。全县培育5个优质高效示范点，扶持171个科技示范户，建立"合作社+基地+农户+电商"模式。

从那时起，谭忠诚成了黄书记办公室的常客，谈话的内容却一直没变：如何发展县里的黄桃产业。

"老谭，这次由你来当县黄桃产业办副主任，虽是编外岗位，但责任重大呀。"

"老谭，今天黄桃销得如何？""老谭……"

听说长沙来了一批大学生到炎陵进行社会实践，调研黄桃产业发展情况，黄诗燕主动找到他们，诚恳地说："同学们，你们一定要好好宣传炎陵黄桃。我们的黄桃不是简单的产业，它维系了老区百姓的生计，是民生大计问题。"

……

炎陵黄桃种植面积越来越大，影响越来越大，脱贫致富的脚步也越来越快。

2018年8月，炎陵脱贫摘帽。2020年，全县黄桃种植面积超过8万亩，近6万人进入黄桃产业链，近60%贫困人口通过种植黄桃实现稳定脱贫。

而现在，黄桃不仅改变了炎陵的贫困面貌，让炎陵走上乡村振兴的道路，更改变了乡亲们的生活方式和思想观念。全县有微商6000多家，在网上注册的农产品网店300多家。不光卖黄桃，还卖竹笋、蜂蜜、食用菌、腊肉等。农产品变成了商品，农民变成了农商，从封闭走向开放，由单一发展变成了多元发展。过去满足于过小日子的山民，现在学会了如何避开产业同质化发展、怎样让产业转型升级……

"大姐，我来锄两把"

"大姐，我来锄两把。"黄诗燕走进菜园，对正锄地的妇女说道。

对方叫黄福香，是霞阳镇大源村村民。60来岁的她，锄起地来异常吃力。

她听不太懂黄诗燕说的普通话，依然自顾自锄地。

村干部用当地方言告诉她，这是县委书记，来村里走访调研。

黄福香一惊。

这时候，黄诗燕从她手中夺过锄头，娴熟地锄起地来。

这是2015年10月9日。

看到吃力锄地的黄福香，黄诗燕的第一反应是：她是不是身体不好？家里情况如何？……脑子里蹦出一连串问号。

黄诗燕觉得，作为干部，要善于从细节入手，向实处着力。

黄诗燕一边锄地，一边和黄福香聊了起来。

"我看您锄地时很吃力，是不是身体有状况？"

"我有高血压和心脏病，不敢用劲。"

"哦！去医院看过病没有？"

"看过，属于慢性病，要长期吃药才行。"

"家里呢？"

黄福香指了指不远处的山坡，两间土坯房杵在那里。

"到家里看看。"黄诗燕把锄头放下，说道。

这时，黄福香沉默了。

黄诗燕知道她的心思，便说："没关系，有什么困难，可以跟大家说，大家一起想办法。"

房子的大门两侧靠砖头塞着，四面透风。可以想象，下雨天一定会漏雨进水。屋内，除了两张简陋的木板床，几乎没有家具。

不是还有老伴吗？可是老伴身体残疾，干不了重活。

大源村是出了名的山高、路远，交通不便，十分贫困，而黄福香家是大源村最为偏远的一家。

黄诗燕明白了，为何黄福香家会成为建档立卡贫困户，三十好几的小儿子为何还没能成家。

黄诗燕深知，要让这个家庭真正走出贫困，首先要让他们树立信心。这不是一朝一夕的事情，需要耐心细致地做工作，需要坚持不懈地鼓劲加油，更需要真正走入他们的内心。

说起家里这本经，黄福香的眼眶湿润了："大儿子已经成家单独过，在县工业园区上班，但也只能勉强糊口。虽然村上照顾，让小儿子在村里当护林员，但这点工资还不够糊口。"

"大姐，您放心，一定能渡过难关的。"黄诗燕对黄福香说，"我也是从大山里走出来的，知道贫穷的滋味。"

后来，黄诗燕每月都会准时到黄福香家来看看、坐坐，拉拉家常，干点农活。

渐渐地，黄福香一家对黄诗燕也不再生疏和拘谨，掏心窝子的话都跟黄书记说。

再后来，黄福香的小儿子到县工业园区上班了，他们一家住进了炎西村安置点。100平方米的新房里，不仅有新家具、新家电，还接入了网线。媒人开始上门说亲了。

黄福香知道黄书记很忙，所以从不给他提要求。

但有个事破了例。

"到了安置点，能不能分几块菜地？"搬到安置点前，黄福香怯怯地跟黄书记说。

黄诗燕笑了。

黄福香分到了6块菜地。

没承想，后来，这6块菜地成了黄福香对黄书记最好的思念。现在，只要走进菜园，挥起锄头，她就感觉总有股力量在帮着她。

这，只是黄诗燕日常工作中的一个缩影。在炎陵的9年里，黄诗燕先后实地调研了11个乡镇（场）、54个村。

可是，他也是丈夫，也是父亲。他实在是太忙了，哪怕是与妻子和女儿视频聊聊天，都成了一件特别奢侈的事情……

坐落在炎陵的鄙峰是湖南本地的一座高峰。策源乡梨树洲村就在鄙峰脚下，拥有鄙峰、次生林、冰臼群和白水瀑等自然风光，旅游资源非常丰富。

2012年"五一"刚过，黄诗燕就来到了梨树洲村，这是他第一次到这个村子。

沿着蜿蜒的溪流往前走，黄诗燕被眼前的美景吸引住了。"这里发展旅游，具有天然优势。"他在心里喃喃自语道。

然而梨树洲村的现实情况，让他的心情沉重起来。

"我们村有两户人家开了农家乐。"村支书伍英华说。

"生意如何？"黄诗燕问。

伍英华低声说道："别提了，没人愿意来。"

黄诗燕感到奇怪。

"电都没有，谁愿意来呀。"伍英华说，"村民也装了微型冲水式发电机，但要看河的'脸色'，河里水量大电量就高，水量小电量就低，极不稳定。电灯泡都难以带动，更不用说其他电器了。不要说搞农家乐，就是生活都没了信心。"

黄诗燕有些震惊。

如何让村民振作起来？

"光精神上的鼓励不行，必须改变这里的面貌，让村民看到希望。"黄诗燕想。

如何改变？

先通电！

回到县里，黄诗燕立即与相关部门沟通，探讨梨树洲村通电的可行性。一番探讨后，得出的结论是：给梨树洲村通电可行，但需要花200多万元。

"为八十几号人，花这么多钱，不划算。"当即有反对声。

"改善百姓生活的民生工程，花再多的钱都值！"向来谦和儒雅的黄诗燕拍着桌子说。

"既是给村民通电，也是给他们输送信心，点燃发展旅游的希望。"

黄诗燕继续说道。

黄诗燕的前瞻思维很快就得到了验证。

梨树洲村通电后，手机有了信号，电视有了节目，基础设施不断得到改善。

更重要的是，村民找回了信心。20来户人家开起了农家乐，有的还办起了竹笋加工厂。

现在，这里游客如织，村民们的日子，随着旅游的发展越过越好。

"有什么困难，有什么想说的，都可以跟我说"

"他是个聋哑人。"

听到这句话，黄诗燕迅速停下脚步，微笑着，面向他。

2013年1月21日，黄诗燕到霞阳镇坎坪村廉租房小区慰问困难群众。

聋哑人叫罗满庆，是特贫户。工作人员考虑到这一特殊情况，只安排黄书记跟他握个手，送去慰问金。

"我要跟他好好聊聊。"黄诗燕却说。

黄诗燕从包里掏出笔记本和笔来。只要有心，总会有交流的办法。

"你叫什么名字，今年多大了？"黄诗燕在笔记本上写道。

罗满庆非常惊喜，接过本子和笔写道："我叫罗满庆，今年49岁。"

"家里有几口人？"

"四口人。"

"在哪里做事？"

"在镇上打扫卫生，负责6个村民小组的卫生。"

"美丽炎陵，清洁家园，有你一份功劳。"黄诗燕写下这句话，然后伸出大拇指，送给罗满庆一个大大的赞。

罗满庆报以微笑。

"一个月能挣多少钱？"黄诗燕又写道。

罗满庆回应道："1800元。"

"够花吗？"

"够了。"

"国家对残疾人有优惠政策和补贴，享受了没有？"

罗满庆微笑着使劲点头。

"希望你能克服困难，在党和政府的帮助下，用自己的双手去让生活变得越来越好。"

小区的人说，很少看到罗满庆这么高兴。

不是因为送来了慰问金，而是黄书记走进了他的心灵。

黄书记不光走进了聋哑人无声的世界，还走进了孤寡老人孤独的内心。

2017年4月9日，黄诗燕来到大源村谢长秀老人家。他一边紧紧地握着老人的手，一边拉着家常。

年过八旬的谢长秀，只有一个女儿，前些年女婿因病去世，女儿改嫁，留下一个外孙与她相依为命。

"您真是县上的书记吗？"老人认真地问道。

黄诗燕笑着，拍着老人的手，说："您看像不像？"

老人笑了。

"有什么困难，有什么想说的，都可以跟我说。"黄诗燕说。

老人从自己嫁到大源村开始说起，说到以前的苦日子，说到现在吃的穿的用的，说到党和政府的好政策，还说到山村的变迁……

老人说着说着，笑了；说着说着，又哭了。

黄诗燕拉着老人的手始终没松开，他耐心地倾听着。

听着听着，黄诗燕的眼眶湿润了，他感受到了一位炎陵老人的质朴与坚强。

就这样，黄诗燕与老人交流了近2个小时。

这是多么美妙的心灵之语……

2020年11月18日，黄诗燕被授予"时代楷模"称号；2021年2月25日，被授予"全国脱贫攻坚先进个人"称号。采访中，炎陵的朋友告诉我，黄书记在炎陵任职9年，在当地干部群众中广受赞誉，人们习惯称呼他为"好书记""好同事""好兄长""好老师"……

这一个个"好"字，难道不是对一名共产党员的最高奖赏吗？

《人民日报》2021年5月27日第20版

一叠珍贵的收据

兰　欣

当一叠厚厚的党费收据出现在我的眼前时，我惊诧了。革命老区贵州遵义的一名普通党员，怎么会有这么多来自首都北京的收据？

我猛然想起，他就是张绍权。10年前，我见过他。

一

2011年7月1日，我还是一名年轻的组工干部。一位花甲老人走进办公室，人很斯文，戴一副圆镜片的老式眼镜，颇有几分乡贤的味道。额头、鼻尖、鬓角都渗着汗珠，布鞋上沾满灰尘。

这是我第一次见到张绍权，他是来交党费的，而且是一份很特殊的党费。

张绍权眼角的皱纹很深，眼神却如一个天真的孩子。他从上衣荷包里掏出一个裹得严严实实的红布袋，布袋上金黄的党徽将红布衬得十分鲜亮。他从布袋里取出一叠折得整整齐齐的百元钞票，郑重地捧在手心。

我内心一震，看着面前这位平凡的老农民，看着他俭朴得洗到发白的上衣，我感动了。

二

时隔10年，我决定去一趟遵义市桐梓县新站镇，再去看一看张绍权。

桐梓，正是红军长征打下第一个大胜仗——娄山关大捷的地方，也是毛泽东同志写下"雄关漫道真如铁，而今迈步从头越"的地方。

汽车沿着大娄山脉一路逶迤，进入蒙渡河谷后，继续向北而行。冬季的河水很浅，岸边是绵延的柑橘田，黄灿灿的果子让这里的冬季写满丰裕的暖意。

经过蒙渡大桥，汽车拐了个弯，远远地看到了张绍权的家。那是一栋白墙黑瓦红窗的普通黔北民居，房前屋后收拾得井然有序、干干净净。墙上贴着一幅幅字：团结、感谢、送客、迎宾、谢恩……一幅一个词语，像是家训。堂屋大门两侧的对联非常醒目："新年喜庆农家乐，人间美好不忘本；思情念祖怀先烈，年岁席上想救星。"横批是"共产党万岁"。

这是一栋古朴的黔北民居，一张长桌、三条长凳、一个火炉。尽管每月社保金等收入近3000元，可张绍权生活得很节俭，屋子里没有任何装饰，唯独正墙被一张张证书填得满满当当。其中，四张中共中央组织部落款的收据尤为醒目，三张1000元、一张1200元，时间依次是2011年、2012年、2017年和2020年。

张绍权从墙上取下收据平放在桌上，掏出纸巾，弓着背，仔细擦拭面上的灰尘。"这是2011年，那年党90岁。"他一边轻轻地抚摸，一边回忆道，"这张是党的十八大，这张是党的十九大，这张是抗击新冠肺炎疫情。"

原来，这10年间，除按月缴纳党费外，在很多个重要日子里，张绍权都会主动献上一份特殊党费，并由县里将他的心意汇到中央组织部党费账户，中组部也会为他寄来一份极具纪念意义的收据。

第一次收到北京寄来的党费收据，张绍权晚上激动得难以入睡。第二天，他起了个大早，翻越几公里山路到镇里装裱店，花60块钱请师傅依尺寸制作了一个精致的实木框，再把收据裱好装进框子里。后来，每一张党费收据，他都会裱好装进相框，挂到客厅墙上。每天，他晨起第一件事，就是清扫这一面"心意墙"。

阳光爬过院墙，攀过窗棂，聚光灯似的投射在满墙的党费收据上。

只是一名普通党员，为什么要交那么多特殊党费？

张绍权抬起头，眼神停留在一幅党徽图片上，动情地说："因为感谢共产党！交点特殊党费，我心里感到更快乐。没有党就没有我们今天的好日子。我们认定了共产党好。"

三

张绍权这位与人民共和国几乎同龄的老党员，在小山村里生活了

74年，见证了蒙渡村翻天覆地的变化。幼年时，村民们日子苦，吃不饱，穿不暖，一日两餐不是洋芋就是苞谷、红苕。生了病，全靠土方子吃草药。

几十年的光阴过去，日子越过越敞亮。现如今，小乡村连通了大世界，白花花的水泥路修到了家门口，山对面刚听到车喇叭响，转眼车就到了院门口。住在山顶的农户也有了哗啦啦的自来水，生病有医保，年老有社保。2017年，昔日"西风烈"的娄山关下通了高铁，边远的蒙渡村一下子成了热闹的旅游景点，蒙渡河成了漂流的好地方，岸边开起了几十家乡村旅馆，老百姓从村民摇身一变成了旅馆经营者。每到夏天，北京、上海、四川、重庆的游客络绎不绝。游客们一来，还买走了地里的蔬菜水果，村民们都尝到了经济发展的甜头。

张绍权没有开乡村旅馆，而是把目光盯在了这片土地上。蒙渡河谷光照充足、土壤疏松，早在20年前，时任村支书的张绍权就开始带着村民们搞椪柑品种改良。从选苗、培育到田间管理，从种植、施肥、剪枝、嫁接到防虫，凭借着得天独厚的种植条件和在种植技术上的勤劳钻研，椪柑的滋味越来越甜，村民们的口袋也越来越鼓。

如今，小椪柑做成了大产业，村村都结出了"金娃娃"。"新站椪柑"这个响亮的品牌，成了远近闻名的抢手货，也成了网购的"新宠"。一箱箱椪柑乘着高铁跑进各地的水果市场，蒙渡村300多亩椪柑基地每年可销售椪柑30多万斤。现在，村里已经建起了椪柑育苗基地，小树苗带着村民们的致富希望播撒到了更广阔的天地中。

捧着金灿灿的椪柑，张绍权的脸上笑得像朵花。

从院坝往山下看，白墙黛瓦、绿树繁花、静谧宜居的乡村美景尽现眼底。安静的蒙渡河像一条银带穿过村庄，一幢幢错落有致的小楼房依河而建，阳光下的蒙渡村，美丽得像从画中走出来一样。

"共产党把老百姓当成自己的亲人，穿衣吃饭、水电路讯，什么都为我们考虑得这么周全！"说到动情处，张绍权唱起了黔北民歌《十谢共产党》，歌声高亢嘹亮，在山谷间回荡。

四

返程路上，冬日的阳光照在蒙渡河上，波光粼粼，就像张绍权的眼神一样清澈、明亮。

张绍权的心愿就是在"心意墙"上再加一张收据，为党的百岁生日再交一次特殊党费。

张绍权一直在践行着一名共产党员的忠诚，并把这份忠诚书写在自己的一生当中——当汽车兵当民兵时，戍边卫国和湘黔铁路战线上都有他奋斗的影子；回到家乡后，他是村里人最信任的会计和支书，爬坡上坎、走家串户的工作中有他辛勤的汗水；年老后，村小学的校园里，经常会看到他给孩子们上党课……

现在的他虽已年逾七旬，却一直是村里人最尊重的老支书。修路、架桥、改造水电，难免需要用到村民的土地。土地，是村民们最关心的"命根子"。遇到想不通的村民，村里总是请他出面做思想工作。每次只要他出马，再执拗的人也会转过弯来。年轻的村干部向他讨诀窍，他笑笑，只说了一句话：你一直做的是好事、实事，老百姓就会相信你。

《人民日报》2021年5月6日第20版

楼子山上护林人

退休后干点啥？

2012年春节假期，这个问题一直在孙绍臣的脑海中萦绕。6月份他就要从辽宁省朝阳市喀左县人大常委会副主任的岗位上退休，他设想了几种退休生活，给儿女带孩子、与老伴儿早晚遛弯、打太极拳、练书法……他又一一否决，心想，党培养自己多年，从一名农家子弟成长为党的干部，趁着自己身体还行，应当为社会再做点事。

正月初四，孙绍臣回老家喀左县尤杖子乡看望亲属，车行驶到庙梁，他让儿子把车停下。庙梁位于辽宁楼子山国家自然保护区中心地带，离孙绍臣出生的村庄七八里路。下车，望着眼前的山林，他想起小时候，常与小伙伴来这里捡蘑菇、刨草药，贴补家用。迈上土坎，有两间倒塌的泥土房。房子原住户是看山护林人王维和老两口。2007年，老两口因上了年纪，搬下山去，至今没人接替他们的工作。

退休后，来这里看山护林吧！孙绍臣脑海中突然闪现这样一个念头。深山老林，固然寂寞，转念一想，山里空气好，在这里看山、护林、栽树、种粮种菜，乡亲们捡蘑菇挖药，还能有个歇脚、喝水的地儿。这是件有意义的事，值得去做。

经过两天的思考，上山护林的念头在孙绍臣脑海里扎了根。家庭会议上，他郑重其事地向全家提出自己的想法。最先提出反对意见的是他岳父，老人舍不得闺女，怕闺女跟着他上山吃苦。女儿和儿子也不同意，希望父母退休后，生活清闲点，把身体保养好。妻子李秀文说，咱们退休后得帮儿女带孩子——她知道丈夫疼孩子，想以此阻止丈夫。孙绍臣呢，决心已下，耐心解释，一一说服。

上班后，孙绍臣找到县里有关领导，汇报了自己退休后看山护林的想法，征求组织意见。领导关切地说，这是件苦差事，能行吗？孙绍臣说，想到了艰苦，有思想准备。随后，孙绍臣又来到林业局，问局长，楼子山有人看护吗？还没有，太偏僻。我去。你去？局长怕听错，又问了一句。是的，我去。孙绍臣回答说，还有半年我退休，退休后就去护林，不要报酬，栽的树归国家，但山上的泥土房已经塌了，局里得给盖两间房借我使用，并且拉上电。

考虑到孙绍臣年龄大，山上条件艰苦，林业局的同志没有马上答应他，劝他再考虑考虑。孙绍臣从兜里掏出几张纸，说，我考虑好了，这是我草拟的协议，刚才我说的都写在上面。

2013年2月25日，农历正月十六，已经把退休事宜全部办妥的孙绍臣雇辆小货车，拉着锅碗瓢盆，还有铣、镐等工具，走进楼子山自然保护区，在庙梁安营扎寨，挂上楼子山国家自然保护区朝阳洞保护站的牌子，与妻子李秀文开启了退休后的新生活。

刚住进山里时，房子还没盖好，电也没通，生活很不方便。吃水要到水井去挑，200多米远的路，全是上坡，半桶水，夫妻俩轮换着挑。孙绍臣挑坡陡路段，妻子挑坡缓路段，晃晃荡荡，水溅一路，裤脚和鞋都湿了。做饭烧柴火，烟火从灶膛里向外燎，满屋浓烟。妻子李秀文边做饭，边擦呛出的眼泪。饭做好了，端上来。孙绍臣瞅着妻子笑。妻子一照镜子，白一道，黑一道，五花脸，气得直跺脚，吵着要下山。孙绍臣忙劝解安慰。山上蚊虫多，被叮咬后刺痒难耐，手臂抓挠出一道道血痕。晚上，山风吹来，烛光来回摇摆，孙绍臣急忙用手遮挡，风还是把蜡烛吹灭。重新点亮蜡烛，正传来一阵狼嚎声，让人心头一紧。

最难忍受的是寂寞，有时十几天见不到一个人影，偌大的山里只有夫妻两人，你看着我，我望着你。孙绍臣说，消除寂寞的最好方法是干活，不停地干活，就能赶走心中的寂寞。拿了几十年笔的手，毅然拿起了镐头，挖树坑、背水、栽树……

一开始干不动。绿化造林多年，剩下没种树的地方都是砂石地，是难啃的硬骨头，刨两镐，上气不接下气，手也磨出血泡。用镐刨不行，就用钎子凿，妻子扶钎子，丈夫抡铁锤，有时一天挖不出一个坑。早晨做好一天的饭，晚上回家吃口剩饭，头一着炕就睡着了。孙绍臣双手全是厚厚的老茧。他说，都是这几年磨出来的，现在遇到再难挖的坑，也不怕了。

沟坎地带，坡陡，不存水，夫妻俩便修筑石坝堰，垒成一块块小梯田，然后再挖坑栽树。夫妻俩四处搬运石头，小块石头，用手搬，大块石头，用筐抬。有一次起石头，一镐刨下去，"嗡"的一声，刨到蜂巢穴上，马蜂倾巢而出。孙绍臣在前面跑，蜂子在后面追，脖子、后背、脑袋被蜇了11针，赶忙就医。医生说，再多蜇2针，或晚来2个小时，后果难料。

长在农村的孙绍臣知道，栽活一棵树，离不开土和水。砂石地刨好树坑后，往里回填土，妻子李秀文一锹一锹往丙纶丝袋子里装土，孙绍臣一袋一袋扛，每个坑回填大半坑土。买个容量30升的塑料桶，拴上背带，孙绍臣挂个木棍子，一桶桶地往山上背水。路弯坡陡，步步要劲。每桶水3个坑，每坑10升水。放好水，妻子把一棵柏树苗按在树坑北面，再在坑南面按一棵丁香苗。活一棵没白忙，两棵都活更好。夫妻俩从早干到晚，筋疲力尽，满身泥土。

就这样，凭着一股子韧劲，8年间，孙绍臣夫妻俩修筑石坝堰103道、5000多米长，栽柏树、松树以及各种果树9000多株，紫丁香8000多丛，大叶君梅茶5000多丛。昔日荒芜的砂石地，弃栽的沟边坎边，一棵棵小拇指粗细的柏树迎风起舞，紫丁香散发着醉人的芳香。

山里的冬天，风大，格外寒冷。吃过早饭，孙绍臣准备巡山。他穿双层袜子、比平时大一号的棉鞋、厚棉裤、大棉袄，头戴棉帽子，脖子上挂个望远镜，手拿一根木棍子。走出院门，一阵寒风吹来，后背冷飕飕的，孙绍臣紧紧棉袄外腰带。转一圈，来到最高处，孙绍臣拿起望远镜，从南面那个山包开始，先近后远，再顺时针转着查看，一看就是1个多小时，眼看花了，揉揉眼睛。他看自己的山林，也看远处两个邻县的山林。他两次发现邻县山林的火情，打电话告知，及时扑救，避免了重大损失。孙绍臣说，我帮他们看山瞭望，他们也帮我看山瞭望，楼子山就有了3个护林员，6只眼睛看护，8年从未发生过火灾事故。

平日里，遇见进山采蘑刨药的、游玩的，孙绍臣总是絮叨两句话。一句是上山不许吸烟带火，另一句是保护野生动物。时间长了，人们自觉把打火机放在孙绍臣住处，下山拿走。孙绍臣有个大纸箱子，里面装着半箱子打火机，都是来人忘记带走的。在房子后墙角，还堆着不法分子捕猎野生动物用的铁丝套和捕鸟网，那是孙绍臣巡山时发现收缴来的。孙绍臣还把发现的野生动物一一记在本子上，天上飞的27种，地上跑的13种。孙绍臣说，不全，肯定有没发现的。

在孙绍臣住处下方有条公路。刚进山那年冬天，头场雪，很大。早晨起来，打开房门，孙绍臣见一台三轮车翻在路边沟里，露着车斗。夫妻俩跑去一看，车上的苹果洒落一地，司机受伤躺倒在地。此后，每逢下雪，夫妻俩便义务扫雪。雪一停，两人拿起扫帚、平铁锹，带上吃的喝的，从门前扫起，直行路扫出两侧车辙，弯道处全路清扫，北扫到羊角沟村庄，南扫到向阳村村口，全长十一二里，扫一次三四天。渴了喝口水，饿了吃口点心。2019年冬天雪最多，扫了8次。

那天，我来到孙绍臣的小院拜访，遇见山村养鸡户李旭，刚从集市卖鸡蛋回来。李旭说，冬天下雪个把月不化，以前赶集卖鸡蛋提心吊胆，现在不担心了。又指着圆桌上的暖瓶茶碗说，常年放在这里，路过渴了，进来就喝，还有那个打气筒，也是老孙给行人预备的。李旭说，老孙处处为我们老百姓着想。孙绍臣说，都是应该做的。"为百姓着想""应该做的""不要报酬"……我想，这就是一名共产党员的朴素情怀吧！

绿树丛中，孙绍臣比以前瘦了，脸黑了，褶皱多了，背也没以前直了。我问他，后悔吗？孙绍臣说，不后悔，就是妻子跟着上山受罪，有点愧对妻子。妻子李秀文看了丈夫一眼，说，啥愧对不愧对的，别忘了，你是党员，我也是老党员呀。说完，夫妻俩相对一笑。这淡淡的一笑，是我见过最美的笑容。

《人民日报》2021年6月4日第20版

高原巡边人的爱国情怀

熊红久

在海拔4000米的地方，车子吃力地奔跑着。氧气不足平原的一半，车里的人即使一动不动，也觉得胸闷气短。3月的帕米尔高原，依然躺在洁白里，慕士塔格峰大半被云雾遮蔽，一小截露尖的冰峰，大口大口呼吸着阳光。一只鹰，矫健地飞翔，蓝天被它锋利的羽翅一剪为二。离新疆塔什库尔干塔吉克自治县已不足百里，我们接近了雄鹰的家乡。

拉齐尼·巴依卡就生长在这片土地上。"拉齐尼"这个名字是爷爷凯力迪别克·迪力达尔给起的，寓意孙子像"猎隼"那般勇猛而敏锐。父亲巴依卡·凯力迪别克说，拉齐尼从小就身手敏捷，又乐于助人，我们一直严格地磨砺他。拉齐尼自己也非常骄傲，因为他拥有一个"雄鹰"的名字。

一

2021年1月4日，在新疆的冬季里，只是普通的一天。雪花飘落，气温降至零下9摄氏度。喀什大学的校园里，寒风凛冽，行人稀少。尚未建好的新泉湖，结了一层薄冰，几只麻雀在湖边的枯枝间跳跃，天地间一派静谧。

突然，急促的呼救声从湖面传来："快来人啊！快救救我儿子！"循声望去，湖中间出现了一个冰窟窿，有人正在水里挣扎，一位妇女跪在冰面上哭喊。在喀什大学参加培训的拉齐尼·巴依卡和室友木沙江·奴尔敦正好路过湖边。听到呼救声，拉齐尼没有丝毫犹豫，第一个冲上冰面。他一把拉过惊慌失措的妇女，让她离冰窟窿远一点。孩子的右手和头顶还露在水面上，羽绒服已被水浸透。拉齐尼伸出手去拉小孩，抓住孩子的小手使劲往上拽。但是湿透的羽绒服太重了，薄冰承受不起，"咔嚓"一声垮塌了。拉齐尼和刚拉起半个身位的孩子，一起跌进冰湖中。

整个过程，不过短短几十秒。

人落水了，拉齐尼的双手仍紧紧抓着孩子的两臂。他冲着木沙江·奴尔敦大喊："快救孩子！"

木沙江赶紧脱下大衣，让孩子的母亲解下围巾，系在一起，往水里送。拉齐尼一手托着孩子，一手抓住围巾。木沙江刚一用力拉，脚下的冰面顿时开裂，他也掉入冰水中。

后来，木沙江说："落水的那一刻，整个人一下子冻僵了，真不知道拉齐尼是靠什么坚持那么久的。"回想起那天深入骨髓的寒冷，他仍有些战栗。

时间一分一秒过去，拉齐尼的体力接近了极限。沉浮间也不知呛了多少口水，但他的手始终没有松开，孩子始终被他举在水面上。

孩子的母亲发现拉齐尼快撑不住了，她绕到冰窟窿右侧，试图伸手去拉，"咔嚓"一声，冰层再次破裂，她也掉进水中。一时间，4个人都在水里挣扎。

路过的人见此情景，立刻拨打报警电话。在校园内巡逻的警车迅速赶到。喀什大学派出所辅警王启鹏第一个冲上来，跪在冰面上，把离他最近的木沙江慢慢拉了上来。随后而至的喀什大学餐厅管理员王新永，趴在冰面上，匍匐前行，慢慢接近了拉齐尼。看到伸向自己的手，拉齐尼用最后的力气把孩子托出水面，发出微弱的声音："先救孩子！"

王新永把孩子拽上岸，交给来援助的王启鹏，再回头时，拉齐尼已经沉入了湖中……

在3米深的湖底，拉齐尼的双手依然是托举的样子。灰褐色的旧棉袄上，沾满了泥，只有胸前的党徽，鲜红夺目。

二

拉齐尼的家中，保存着一张爷爷头戴黑毡帽与解放军亲切交谈的照片。

他的爷爷凯力迪别克是新中国的第一代护边员。20世纪50年代初，得知解放军要去吾甫浪沟巡逻，凯力迪别克主动请缨当向导，并把自家的4头牦牛都贡献出来。他对连长说，解放军给我们看病、送药，还帮助盖房子、送草料，一分钱都不要，就是一家人啊。你们有困难了，我能不出力吗？

吾甫浪沟是中巴边境的重要通道。全长160多公里，巡逻一趟，要翻越8座海拔5000米以上的山岭，还要80多次蹚过寒冷刺骨的冰河，那里的自然条件极其恶劣。

巡逻队行进至第10天，在热斯卡木山谷，凯力迪别克拦住大家。他趴在地上，听见隐隐的轰鸣声。他让战士们赶紧躲到山沟的另一侧。声响越来越大，不到一刻钟，雪崩飞驰而下，瞬间就填平了刚才的沟底。真是好险啊！凯力迪别克的丰富经验，挽救了整支队伍。

凯力迪别克还曾用牦牛驮着界碑走了五天五夜，将界碑竖在祖国的边境上。吾甫浪沟的18块界碑，都是他领着战士一块一块立起来的。护边，成为他最重要的工作；一干，就是21年。

20世纪60年代初，凯力迪别克申请加入中国共产党，成为村子里最早的7名党员之一。常年在高海拔下工作，60多岁的凯力迪别克得了肺气肿、心脏病等多种疾病。力不从心的他准备把护边的担子交给儿子。

1972年9月，凯力迪别克带着21岁的儿子巴依卡走进了吾甫浪沟。他告诉儿子每一条河流的深浅、渡河时牦牛的排序和驮物的重量、刮风时躲避飞石的办法、遇到悬崖如何绕过，尤其是如何修复破损的界碑。站在界碑上"中国"两字前面，他郑重地告诉儿子：我们的界碑，一毫米也不能挪动。

路越走越险，有些地方只能拽着牦牛的尾巴才能翻过。疲惫的巴依卡问父亲，这一趟下来，能给多少钱？凯力迪别克恼怒地训斥他：那些孩子比你还小，从祖国各地来这里当兵，保卫我们的边境，帮我们过上好日子，你怎么能要钱呢？

巴依卡记住了巡边的路，也记住了父亲的话。

1973年，巴依卡开始独自给战士当向导。牵着几十头牦牛，他开启了第二代护边员的生活。

走到特拉里克达坂时，海拔已超过5000米，只有一条不足半米宽的山路，这唯一的通道，也被冰雪覆盖。右侧是高耸的峭壁，左侧是垂直的悬崖。有经验的老牛，慢慢地蹭过。一头年轻的花牛，走得太急，蹄下一滑，坠入山谷，瞬间就被湍急的河水卷走了。巴依卡蹲在地上大哭起来，第一趟，就损失了一头牛，这是他喂养了5年才长大的啊！几个解放军战士也陪着落泪。哭够了，继续走。更远的路，还在前面。

这一趟来回，走了3个月。见到父亲时，巴依卡哭诉，你这是把儿子往火坑里推呀！不干了！太苦了！太危险了！凯力迪别克擦去儿子脸上的泪珠，说："战士们累不累？他们离开家乡来到这里，就是为了保卫咱们的国家。我们祖祖辈辈就住在这里，这里是我们的家，我们不保卫，谁来保卫？死一头牦牛没关系，还会再养出来的。只要战士们没事，就是最大的胜利。你的任务，完成得很好！"望着父亲信任而坚毅的目光，巴依卡羞愧地低下了头。

1978年秋天，巡边队伍走到迪卡里克时，天忽然下起大雨。窄窄的谷底，不时有飞石滚落。一块落石砸中了巴依卡身边战士的大腿，顿时鲜血直流。巴依卡正准备从牦牛上下来，后脑勺也被落石猛然一击，晕倒在牛背上。

当他醒来时，头上已经缠上了绷带，正躺在营长的怀里。幸亏石块不大，伤得不是很严重。巡逻任务不能耽搁，巴依卡主动提出，还是由他把受伤的战士送回连队，因为他熟悉路，一天就能返回。营长抚摸着他受伤的头，犹豫了片刻，同意了。

十几个小时之后，完成任务的巴依卡一身疲惫地赶回了沟里。

1983年那次巡逻，也异常凶险。巡逻队伍到了肖尔布拉克，必须涉过一条汹涌的河流。巴依卡率先渡河。待到连队军医下河时，一不小心，牦牛侧翻在河里，军医和牛都被湍急的水流冲走。幸亏一块巨石挡住了牦牛，牛缰绳又缠住了军医的手，这才没被洪水冲出太远。巴依卡赶紧骑着牦牛蹚过去，从牛背上拼命拽出了医生，拖上岸时人已昏厥。掐人中，按腹部，头朝下控水。半个多小时的抢救，军医才慢慢醒过来。自此，他跟巴依卡成了生死兄弟。

1986年入冬前，凯力迪别克的心脏病越发严重，恰逢部队又该巡边。巴依卡想陪着父亲去治病，找别人当向导。父亲却说，还有人比你更熟悉吾甫浪沟吗？战士们的安全比天大！你放心去吧，我没事的。

巴依卡知道肩上担子的分量，含着泪，辞别父亲。等他2个多月后回来时，父亲已离世10多天了。巴依卡长跪在墓前，泣不成声。母亲流着泪说，你阿爸临终前，让我告诉你，巡边护边的事业，要代代传下去。

超负荷运转，高海拔工作，1998年"八一"前，巴依卡病倒了。住院期间，县上和部队的领导去医院探望他，询问他有什么要求。巴依卡嗫嚅半天，欲言又止。领导以为是医药费的事，说放心，一定会全部报销的！谁知巴依卡却从怀里掏出一页纸，说："我是想加入中国共产党。"

翌年"七一"，满头白发的巴依卡，在鲜红的党旗前庄严宣誓。

三

拉齐尼还不会走路时，爷爷就骑着马驮他到部队去了。凯力迪别克冲着战士们自豪地说，我们家族巡边护边，又有接班人了。拉齐尼上小学时，经常在暑假期间缠着父亲带他一起去巡逻。部队成了拉齐尼最喜欢的地方，军装成为他最向往的服装。

2001年11月，拉齐尼如愿以偿当了兵。他身材瘦小，刚到部队时，很多器材举不动。牙一咬，他的犟脾气发作了。午休，练习；晚上，练习；双休日，也在练习。3个月后，全部达标。达标还不行，绑沙袋，加大强度，继续练。半年后，成为全团10公里越野赛第一名。全团第一名也还不行，继续增加强度。一年后，全疆武警总队大比武，拉齐尼获得10公里越野赛第二名，荣立三等功。

后来，因为实在不放心父亲每况愈下的身体，拉齐尼恋恋不舍地脱下了军装，回到了家乡。

2004年，巴依卡最后一次巡逻吾甫浪沟，带上了24岁的拉齐尼。一路上，巴依卡拿着亲手绘制的"巡逻地图"，像当年自己的父亲教他一样，给儿子讲解每条沟的情况：险段、坡度、冰河温度、宿营点、防卫野兽的方法……接过地图，看着父亲佝偻的身躯、沧桑的面孔，拉齐尼泪流满面。巴依卡攥紧儿子的手，眼睛也湿了："我把最宝贵的东西交给你了，这个棒你要接好。"从此以后，这张父亲的地图上，开始印上拉齐尼的足迹。

2005年7月1日，是拉齐尼特别高兴的一天。因为表现突出，他被批准加入中国共产党，成为家族中第三名党员。拉齐尼说，自己找到了一条光明的路，已经宣了誓，一定会按照誓言去做。

有一次，巡逻时，疲惫至极的19岁上等兵王伟楠从牦牛背上摔了下来，掉进雪洞里。积雪不断塌陷，他跟着往下滑，七八米外，就是断崖。拉齐尼赶紧让战士们靠后，自己慢慢爬近洞边，脱下大衣甩给王伟楠，双手紧抓大衣的两头。"抓住我的脚，用力拉！"拉齐尼冲着身后的战士们大喊。最终，王伟楠被拖了上来。零下20摄氏度，衣衫单薄的拉齐尼冻了1个多小时。天黑到了连队，拉齐尼就发起高烧。

2013年冬天，巡逻队伍走到铁干里克附近，突遭暴风雪，只得在山谷过夜，战士们冷得直打哆嗦。拉齐尼用父亲教他的御寒办法，把十几头牦牛围成一堵墙，靠着牦牛的身体，既挡风雪又能取暖。第二天，老路已被大雪掩埋，拉齐尼只身前往悬崖峭壁探路。突然，一块飞石坠落，砸中他的额头，鲜血直流。战士们几次劝他返回，他都强忍疼痛，坚持把队伍安全带出了险境。

2019年7月，汽车行至阿勒达坂，没路了，只能骑牦牛巡逻。下午，队伍行走在1米多宽的石壁路上，看到脚下几十米深的悬崖，新入伍的战士郤禹阳心里发慌，双手紧攥牛鞍。牦牛身子一晃，郤禹阳从牛背上栽了下来，右脚却卡在镫子里。牦牛受了惊，拖着战士疯跑起来。拉齐尼冲了过去，不顾被牛撞下悬崖的危险，一把抱住牛头，死死顶住。牦牛拖着他跑了十几米才停下来，郤禹阳的头部和背部受了轻伤，拉齐尼的脚也被牦牛踩伤了，但他不顾大家的劝说，一瘸一拐走了一周，直到完成巡逻任务。

在拉齐尼当向导巡边的16年里，没有一位解放军战士出现意外。

四

我们走进巴依卡老人的家，先被一屋子的红色震住了。这是一间专门摆放证书的荣誉室。右边一半展示着老人的荣耀："全国民族团结进步模范先进个人""最美拥军人物""爱国拥军模范""自治区劳动模范"等30余个。左边一半记录着儿子的辉煌：2021年3月颁发的"时代楷模"牌匾和证书被摆在醒目的位置，"全国劳动模范""爱国拥军模范""全国道德模范提名奖""中国双拥年度人物""自治区优秀共产党员"等，数一数，20多项荣誉。

墙上还挂着6张父子不同时期的巡逻照片，即使隔着相框，依然能感受到凛冽的寒风。而满屋子鲜红的证书，更像是这个家族用70年风雨写就的誓言。

顶着风雪，车子终于到了海拔4560米的八连草场护边执勤点，这是拉齐尼生前工作的地方，现在已更名为"拉齐尼·巴依卡护边执勤点"。在一群面孔黝黑的护边员里，皮肤白皙的达热亚·夏木比很引人注目。这位刚满20岁的塔吉克族姑娘，流着泪告诉我们，此前她在长沙工作，看到自己崇拜的拉齐尼叔叔为救落水孩童牺牲的消息，她哭了整整一天，之后毅然辞去工作，回到家乡。她要追随拉齐尼的脚步，成为一名护边员。

"这里又寂寞又艰苦，工资也只有2000多元，你不后悔吗？"我问她。

"不后悔。这里是我的家乡，我要像拉齐尼叔叔那样，成为一名优秀的护边员。我还想成为一名党员。无论多艰难，都不害怕、不放弃。"

屋子里的十几位护边员，一谈到他们的队长拉齐尼，都眼眶发红。他们争着说：最累、最难的活，队长总是第一个上。有队员请假或身体不适，总是队长顶上去。当选全国人大代表后，队长开会多了，但只要一回来，第一时间就会赶到执勤点。队友们说，大家累了，队长就弹都塔尔，唱《花儿为什么这样红》。他从不批评人，只用行动来教育大家，没有人不信服他。在队长的影响下，3位队员成了党员，9位队员写了入党申请书。

拉齐尼房间里的被褥叠放得整整齐齐。队员们说，这是队长在部队养成的习惯，特别重视内务，他的房间总是一尘不染。队友们没有放松这个标准，好像他们的队长，只是出去开会了。

站在执勤点的院子里，能看见高耸入云的喀喇昆仑山，能看见雄鹰在天空盘旋。那只"猎隼"，似乎从来就没有离开过这片土地……

《人民日报》2021年6月9日第20版

一生愿作"拓荒牛"

舒德骑

他生肖属牛。

牛，有着吃苦耐劳、坚韧倔强的秉性。他喜欢牛，在他的书房里，摆着十几头形态各异的牛雕像，但他最喜欢的还是那头拓荒牛——这头牛，是他人生的写照、生命的缩影。

他几十年的生命旅程，就像一头拓荒的牛，带领战友们在神秘的核动力领域，奋力开拓，默默耕耘，让这块原本布满荆棘的土地上，开满了艳丽的鲜花，结出了沉甸甸的果实！

他，就是人生充满传奇的"时代楷模"——彭士禄。

神圣而艰难的使命

"一声令下，打起背包马上出发！"

1967年夏，一列由黑色闷罐车组成的军列，悄无声息地驶离北京西直门车站。

彭士禄站在列车门边，望着华灯初上的北京城，思绪早已飞到了西南的深山沟里。此行，他们要去一个无名山沟里完成第一代核潜艇陆上模式堆建设的重大使命。这个使命，关系我国重大国防项目——核潜艇研制的成败。

核潜艇技术极为复杂。当时中国处在资料、设备、人员、经费严重匮乏的境地，中国人能把核潜艇搞成吗？这是白日做梦，还是天方夜谭？国际上，有人不屑一顾，有人冷嘲热讽。

这项神圣而艰难的使命，落在了彭士禄和他战友们的肩上。

在"核潜艇，一万年也要搞出来"的誓言下，1962年，彭士禄开始主持潜艇核动力装置的研发工作。此时，正值国家困难时期，他把研究室的人组织起来，每天啃窝窝头，有时窝窝头不够吃，就到郊外挖野菜吃。彭士禄带领大家学习反应堆物理等理论课程。短短两年时间，他硬是把50多个学化工、电力、仪表的人带到了核动力学科的前沿。在进行反应堆设计时，没有电脑，他们就拉计算尺、打算盘计算参数；反应堆和各种设备参数，有着天文数字般的数据，他们就是用这种方法没日没夜计算出来的。

在那些艰苦的日子里，彭士禄和大家一样，生活工作上没有任何特殊。他和大家一起咽野菜、啃白菜根，不但吃得津津有味，还和大家开着玩笑——条件再艰苦，有我当年在牢房里当囚犯、小时候当叫花子苦吗？

是的，比起他早年吃的苦，现在已经好得太多了。

彭士禄是党的早期领导人、我国农民运动的先驱彭湃烈士之子。他3岁时，母亲惨遭反动派枪杀；4岁时，父亲被捕牺牲。在白色恐怖中，为躲避追杀，他成天东躲西藏，甚至几天就要换一户人家，每到一家，就认爹认妈认兄弟姐妹，穿百家衣，吃百家饭。

8岁时，彭士禄被关进监狱；10岁时，才从监狱出来。他举目无亲，小小年纪只好沿街乞讨。饿了，跟人讨要一碗米汤；困了，就在屋檐下、谷草堆里歇息。为了活命，他帮人打柴、绣花、放鹅、放牛等。11岁时，他又遭逮捕，被押送到潮安监狱关押。他的童年和少年，历经了人世的沧桑，饱尝了人间的苦难。他曾说："坎坷的童年经历，磨炼了我不怕困难艰险的性格。几十位'母亲'的爱抚，激发了我热爱百姓的本能；父母亲把家产无私分给农民，直至不惜生命，给了我要为人民、为祖国奉献一切的热血。"

后来，党组织找到他，送他去了延安，他的人生才迎来转折。战争年代，他当过学生、战士、护士、工人、技术员，并于1945年成为一名共产党员。1951年，彭士禄考上留学生，先后在苏联喀山化工学院和莫斯科化工机械学院学习，并以全优成绩毕业，获"优秀化工机械工程师"称号。此后，他又响应国家建设需要，在莫斯科动力学院进修了两年核动力专业。在国外留学的日子，彭士禄从未在晚上12点前就寝。彭士禄知道，国家培养一个留学生不容易，他要尽可能地多学知识。而今，这些知识终于可以用来报效祖国了！年轻的他挑起了核潜艇反应堆研制的重任。

核潜艇反应堆作为核潜艇的心脏，它的研制更是难上加难。彭士禄他们能把它研制出来吗？研制出来后能够驾驭它吗？……这一连串问题，摆在他和战友们的面前。

在潜艇核动力装置研制过程中，彭士禄主持了技术论证和主要设备的前期开发，以及核动力装置的扩大初步设计和施工设计，解决了一系列重大技术关键难题。"他性格虽然豪爽，还有几分幽默，但在技术问题上，却是心细如丝，能从堆芯一直推算到艇上的螺旋桨！"热功专家黄士鉴对彭士禄如此评价道。

在那些艰难的岁月里，彭士禄和他的战友们如同在茫茫沙漠中艰难跋涉的探险者，他们忍受着烈日、沙暴、迷路的考验，以及干渴、饥饿、疲惫的折磨，但他们义无反顾，留下一串串坚定前行的足迹。

在彭士禄领导下，研究者们没日没夜进行陆上和艇用核动力装置的设计。踏遍青山，八方寻觅。彭士禄他们终于寻找到建设陆上模式堆理想的地址——于是，他们乘坐着闷罐火车，离开北京，就要到西南那深山沟里去安营扎寨了。

一场惊心动魄的试验

有山风吹过，有岩鹰飞来。

深山沟里，一切都要从零开始。八千军民在这里没日没夜地开山放炮、平整土地、修建房屋、安装调试设备、建设实验基地。这里交通不便、蔬菜奇缺、燃料不足、住房简陋、医疗困难，生活区离工作区有几十里远。无论刮风下雨，还是数九三伏，彭士禄这个总工程师带着大家，每天乘大卡车早出晚归，两头不见太阳。

在那没日没夜繁忙的日子里，彭士禄幼年时在阴暗潮湿的牢房中、在沿街乞讨的日子里落下的病根，相继发作起来，时时折磨着他。可他一直强忍着身体的病痛，忘我地工作着。

"这个人工作起来，就像'拼命三郎'。"他的战友、核动力专家赵仁恺如是说。有一年，核潜艇调试试验时，彭士禄猝然昏倒在工作现场。医生抢救他时，发现他不但胃穿了孔，还严重失血——令人惊异的是：他胃上还留有一个早已穿孔而自愈的疤痕，可他自己竟然不知道！

经过八千军民两年多艰苦卓绝的努力，研发实验基地建成，设备安装调试到位。由中国人自行设计、自行建造的核潜艇陆上模式堆，就等着启堆后，功率提升这个关键时刻了。

这无疑是一场惊心动魄的试验。

核反应堆启堆后，升温升压时间确定在7月16日。

这一天，整个研发实验基地气氛庄严肃穆，全体参试人员的心都提到了嗓子眼。彭士禄坐在指挥大厅里，神情镇定，没流露出一丝不安。随着指挥长发出的启堆指令，反应堆终于启堆。彭士禄熬得通红的眼睛死死盯住仪表。整个控制室里，大家表情严肃。时间一分一秒过去，核反应堆功率一点一点提升。此时，整个大厅安静得只能听到墙上钟表的"嘀嗒"声。钟表微小的声音，像鼓槌一样敲在人们的心上。

一排排红红绿绿的信号灯不断闪烁，一根根仪表盘指针微微跳动。

在场的参试人员，都瞪大眼睛，全神贯注地观察着仪表上每一丝细微的变化；操作人员也正紧张而仔细地记录着各项实验数据。

"报告彭总，蒸汽发生器有个安全阀门漏气。"巡检人员突然报告。

"走，去看看。"彭士禄匆匆来到漏气的阀门前，略一思索，果断命令工人："把它割掉！"

"什么？把它割掉？！"在场所有人都瞪大了眼睛。

"割掉！"彭士禄再次果断拍板。

阀门割掉，试验照常进行。

这位总工程师的工作作风，总是干净利落，决不患得患失，拖泥带水。

在核反应堆装配前，要不要先搞一个陆上模式堆？这也发生过激烈争论。有人认为没有必要，因为陆上模式堆不仅使试制费提高一半，而且会推迟潜艇下水时间。若控制不好，还会爆炸。彭士禄通过计算认为，建陆上模式堆是"吃小亏，占大便宜"，而且只有这样才能保证一次成功。彭士禄亮出他计算的各种翔实参数，说道："即使控制失灵，它也绝没有爆炸的可能。"

这一次，彭士禄又果断决策把阀门割掉，是因为他经过计算得知，最高的温度也不会使机器压力超过设计压力。既然安全阀有点漏气，且不好改进，完全可以不要它。

敢冒风险，这需要极大的勇气和底气。彭士禄在做出决策时，总会说："对了，成绩归大家；错了，我来负责！"

曾有人问彭士禄："为什么敢拍板？"他回答："其实有个秘诀，一定要用数据说话。"牢牢掌握实验数据，是他大胆决策的科学依据。凡工程技术大事必须做到清清楚楚、明明白白、心中有数，一点儿也不能马虎。退休之后，他还不忘叮嘱老同事："不管你现在的位置有多高，重要的数据一定要亲自算一遍，这样你心里才能踏实！"

试验还在夜以继日地进行。

试验现场，主辅机舱中蒸汽和油烟弥漫；蒸汽管道中灼热的气流在高速流转；离合器宽大的轮盘在高速转动，越转越快、越转越快……

终于，8月30日18时30分，指挥长何谦噙着热泪、声音发颤地向全体参试人员宣布："主机达到满功率转数，相应的反应堆功率已经达到99%，试验取得圆满成功！"

"我们成功了！"大家屏声静气听完指挥长宣布的试验结果后，顿时欢呼跳跃起来——记住吧，1970年8月30日这一天，由中国人自行设计、自行建造、没用外国一颗螺丝的核潜艇陆上模式堆试制成功，彭士禄和他的战友们，开创了中国核能利用新的纪元！

此刻，彭士禄没有加入忘情欢呼的队伍中，他沉重地合上眼帘，一下坐在了椅子上……他已经五天五夜没有合眼了。

那一刻，宣布中国核潜艇陆上模式堆试验成功的电波，从深山沟里传到了成都，传到了北京，传到了太平洋、大西洋，传到了整个世界！

一生只做两件事

火箭！

1988年9月中旬，随着一声山呼海啸般的巨响，一枚乳白色的火箭，从我国北方某海域大海深处的一个核潜艇上呼啸而出，喷着耀眼的火舌，扶摇直上，飞向浩瀚的苍穹！

"轰！"火箭精确地落在预定海域。

1979年，彭士禄被任命为中国核潜艇第一任总设计师。他们研制的核潜艇陆上模式堆试验成功后，随即就被装到了核潜艇上。彭士禄在担任核潜艇总设计师期间，指挥了第一代核潜艇的调试和试航工作，还成功组织了达到世界先进水平的高温高压全密封主泵研制。

经过彭士禄和战友们的努力，1970年12月26日，我国第一艘核潜艇下水；1988年9月，水下发射运载火箭取得圆满成功——自此，中国成为世界上第五个具备核潜艇水下发射运载火箭能力的国家！

"我的童年，刻满了深深的伤痕，也留存下人民对我的温情。我父母给了我生命，但天下无数的'父母'，让我的生命得到延续。"当核潜艇成功发射运载火箭后，彭士禄在接受记者采访时，动情地说道："这些'父母'，对我比亲生子女还要好，没有他们，我可能早就不在这个世界了。他们有吃的先给我吃，自己挨饿却让我吃饱；有的为掩护我而去坐牢，有的甚至失去了丈夫、儿子！所以几十年来，我只能拼命工作，才对得起天下百姓。"

20世纪80年代初，彭士禄完成核潜艇研制任务后，将主要精力从军工转到民用核能应用上来。

在此之前，我国已经拉开了核电站建设的序幕。当时，中国发展核电，究竟该走哪条技术路线，选择哪种反应堆类型，成为学术界争论的焦点。经过缜密的科学论证和调研，彭士禄力排众议，提出应采用国际上技术成熟的压水堆方案。这一方案最后得到大多数人认可，并在我国核电发展中起到关键作用。

北国的风霜，南方的烈日。那些年，彭士禄拖着病弱的身体，常年奔波在天南海北，不是在核电站工地，就是在去核电站工地的路上。1983年，年近花甲的他被任命为大亚湾核电站总指挥，为我国核电事业发展做了开创性工作。

此后，彭士禄又担任核电秦山联营公司董事长。他仔细计算了核电站的主要参数以及技术、经济数据，胸有成竹做出决策，成功实现了我国核电由原型堆到商用堆的重大跨越。

"无私奉献，支持弱者，敢冒风险，敢为人先；与世无争，与人无求，助人为乐；在别人的非议中走自己认为正确的路；要做减法，化繁为简。"这是彭士禄人生的座右铭。他的心愿则是，造出中国第一艘核潜艇，建好中国第一座核电站。"完成了这两件事，我就算对得起我的父亲了。"彭士禄做到了。

"干惊天动地事，做隐姓埋名人。"几十年来，彭士禄的事迹，甚至连他的名字都鲜为人知。他说，核潜艇工程是个庞大的系统工程，是千千万万科技工作者和干部、工人集体努力的结晶。"我不过是与同事合作，为中国核事业做了该做的事。"彭士禄说。

2021年3月30日9时，渤海湾晴空万里，碧波粼粼。伴随着激越的《中国英雄核潜艇》之歌，一艘轮船向西南方向行驶，到达指定海域后，彭士禄和夫人马淑英的骨灰撒向大海。他享年96岁，在生命的终点践行了自己的誓言——永远守望祖国的海洋。

《人民日报》2021年8月14日第8版

雪域高原上的奉献

徐向林

一

2016年7月，时任中国移动连云港分公司党委委员、纪委书记的段玉平申请援藏。他在申请书里写下这样一段话："我是一名共产党员，在党组织召唤的时候，我应该挺身而出，把对党的忠诚写在脱贫攻坚的战场上……"

当得知自己的援藏申请被核准通过，段玉平激动万分。在有能力的时候，尽己所能、奉献社会，为脱贫攻坚事业做一份贡献，是他的梦想。

踏上援藏之旅，段玉平挂职担任阿里地区行署副秘书长，改则县委常委、副县长。地域空间的转换，让他的视野一下子变了"频道"，从满目的青山绿水变为单一的色调。

刚到改则的那些日子，段玉平四处寻找绿色。结果还真找到了——偌大的改则县城，只有散落在各处的5株大红柳。柳叶虽然努力地呈现着绿色，却因没有水分的滋润，显得干瘪、纤弱。

曾经，这片土地是一片汪洋大海。因地壳运动，大海东去，才有了今天的青藏高原。这里成为陆地，留下的全是沙土和冻土。在这千里冰封的雪域高原上，都是沙土和冻土，怎么会有绿树扎根？在这干旱多风，5月才进春、9月就入冬，年平均气温零摄氏度以下的改则县，又怎么会有绿树成活、生长？

二

段玉平到来后的一次走访，给这片土地带来了意想不到的新气象。

2016年10月，段玉平到距县城230公里的古姆乡岗如村村民曲珍旺姆家调研。曲珍旺姆正在炖羊骨汤。大锅前搁着几棵打蔫的青菜，曲珍旺姆却不加进去提味，段玉平感到很奇怪。

返程的路上，段玉平问驾驶员洛桑："这儿做羊肉汤怎么不加蔬菜？"

洛桑告诉他："蔬菜在改则金贵着呢。"

段玉平顿时明白了。自从踏上这片高原，他就没见过一块菜地。市场上买来的蔬菜既不新鲜，价格也贵。这是因为改则不生产蔬菜，蔬菜都是从内地经拉萨辗转几千公里运来的。

改则县能不能种植蔬菜？这个想法一冒出来，段玉平自己也吓了一跳。在这雪域高原上种植蔬菜，这种事听都没听说过！

他把想法在县委常委会上提了出来。大家虽有疑惑，但觉得可以一试。能不能成功，谁心里都没底。

"幸福是奋斗出来的！"段玉平把种植大棚蔬菜、建立生态产业园的计划，与安居工程建设、贫困户搬迁、冬季牧草购置等，列为中国移动2016—2018年援藏的项目。改则县委书记益西土登对段玉平说："有些计划听起来觉得不可能实现，但历史总是人去开创的，我们尽全力配合你在这里开创历史！"

沙土、冻土种不了蔬菜，必须进行土壤改良。段玉平扑到了生态产业园规划的空地上。他带人去挖土，一直挖了2米多深，把沙土、冻土全部铲去，打下水泥桩子。然后从800公里外的日喀则运来熟土，配上当地河沟里的泥沙、牧民家羊圈里的羊粪，混合在一起，用智慧和人力改良了土壤。

改则昼夜温差大，段玉平还特地在蔬菜大棚上加盖了特制的"棉被"。大棚内，种上了青椒、萝卜、菠菜等10多种蔬菜。能不能成活，段玉平心里直打鼓。种子、秧苗种下去后，他每天都要去看一看，指导牧民浇水、施肥。

7个月后，第一批芹菜、西葫芦成功出棚了！

段玉平几乎是抹着眼泪，与当地牧民一起收获这来之不易的蔬菜。

奇迹就这样被创造了出来。2018年、2019年，段玉平一鼓作气，利用中国移动援藏资金，参与了改则县46个蔬菜大棚的建设。自产的蔬菜满足了全县群众30%的需求，并且使当地的蔬菜价格平均下降了20%。

三

扶贫更要扶智。段玉平把教育扶贫当成"决胜未来"的方向，立志把孩子们的视野和梦想拓展到大山以外。2016年9月6日，段玉平到改则县挂职后第一次下乡调研，他驱车170公里来到先遣乡。

走进先遣乡小学，段玉平问校长："学校目前最缺什么？"

校长想了想，说："最紧缺的是电。要是有了电，学校的消毒柜、洗衣机就能用起来。碗筷消毒能减少疾病的传染，洗衣服也更方便些。"

"这个问题，我马上解决！"段玉平的话掷地有声。

果然，只隔了5天，段玉平就用募捐来的款项，买了发电机和柴油送到学校。当发电机摇响，学校食堂的师傅兴奋地大喊"来电了"的时候，聚集在操场上的师生们使劲地鼓起了掌。

援藏3年，段玉平走遍了改则全县的9所中小学，他经常与当地师生座谈交流。他告诉孩子们，他也出身于一个偏僻山村的普通农家，在党的关怀下，勤奋读书，取得了人生的进步，并光荣地成为一名共产党员。他用自己的奋斗故事激励孩子们好好读书。

他给孩子们讲优秀共产党员的故事。孩子们听得津津有味，意犹未尽，期待他下次再来讲故事，段玉平一口应允。果然，时隔不久，他又一次来到学校，不仅分享了优秀党员的故事，还自掏腰包买了150本《新华字典》，给每个孩子送了一本。

2018年7月，经段玉平协调和促成，中国船舶重工集团716研究所捐资，在改则县中学设立了励志奖学金。当年11月，奖学金首次颁发，共向72名学生发放了奖学金。颁发奖学金时，获奖学生要给段玉平献哈达。段玉平当即向校长提出：建议由他和校长给孩子们献哈达，向他们表示祝贺和祝愿。"感恩哈达"变成了"祝福哈达"，师生们的心更暖了。

2019年2月，段玉平利用回连云港休假的机会，主动与连云港慈善总会对接，为改则县设立支教专项基金，段玉平自己捐了款。他用这笔资金，在改则县第一完全小学也设立了励志奖学金。

四

小康不小康，关键看老乡。段玉平始终盯着藏族同胞的餐桌。他们吃好了，他心里才舒坦。糌粑是当地人的主食，一直是从外地调运。因路途遥远，进入改则的糌粑不新鲜，而且价格较高。段玉平在中国移动的援藏计划支持下，在当地创办了糌粑加工厂。从外地调运熟料现磨现售，这样保证了糌粑的新鲜，并把价格降了下来。糌粑加工厂还招收了13名来自贫困家庭的人员进厂务工，帮助他们很快脱贫。

在走访中，段玉平得知当地藏族群众有手工制作藏香的传统工艺，他立即从自己分管的领域入手，成立县旅游开发公司，集中向当地手工作坊收购藏香，注册商标对外销售。同时，依托当地牧业资源，从内地筹资，开办"特色产品商店"，集中展销当地羊毛加工制成的羊毛衫等土特产品。每年，改则县土特产品销售盈利近百万元，成为可持续发展的致富产业。

在带领群众脱贫奔小康的路上，段玉平还意外发掘出一段鲜为人知的红色历史：1950年8月，由136名解放军官兵组成的"进藏先遣连"，从新疆于田县普鲁村出发，翻越巍巍昆仑山，到达阿里地区"扎麻芒堡"，将五星红旗插上藏北高原，和平解放了阿里。由于补给中断、缺医少药，先后有63名官兵牺牲。扎麻芒堡隶属改则县。当地人为了纪念先遣连的牺牲事迹，将扎麻芒堡改名为先遣乡。了解这段红色历史后，段玉平每次去先遣乡，都要在"先遣连"纪念碑前缅怀革命先烈。他也由此萌生了一个想法，在当地推动修建"先遣连革命纪念馆"。

这是一项艰巨的工程，更是一项光荣的使命。建立纪念馆，首先要收集大量的史料。时隔60多年，要想找到当年的人，收集相关历史资料，谈何容易。段玉平一边多方寻访，收集了大量的历史资料和未公开的照片，一边积极争取拨款资助。在当地政府的重视和支持下，"先遣连革命纪念馆"终于在他行将结束援藏工作时开工建设。

2019年8月，段玉平结束了3年的援藏工作。2019年7月，段玉平被中宣部授予"最美支边人物"称号。2021年2月25日，段玉平被表彰为全国脱贫攻坚先进个人；6月28日，又被表彰为全国优秀共产党员。

如今，虽然离开改则县已经两年，但段玉平的心里，仍然牵挂着那片遥远的雪域高原。前段时间，益西土登书记打来电话告诉段玉平：

"先遣连革命纪念馆已经竣工，即将开馆献礼党的百年华诞。"

电话这端，段玉平沉默了，眼泪直在眼眶里打转。听到这个消息，他很激动。他说："书记，我一定找机会再去改则，第一站就去先遣连革命纪念馆，缅怀我们的革命先烈！"

放下电话，段玉平的心已经飞向了遥远的改则县。在他心中，那是一个神奇的高原，更是一个红色的高原、精神的高原！

《人民日报》2021年8月7日第8版

做乡亲们的贴心人

吴昌勇　　陈延安

立夏刚过，陕西省岚皋县蔺河镇蒋家关村五保老人王学翠就又病倒了。

这是王学翠今年第十趟去医院。这一回，陪在她身边的不是村党支部书记伍先忠。因为腰疼得厉害，伍先忠也在接受治疗，所以就让儿子伍鑫陪护王学翠。

身体稍稍好转，伍先忠就急匆匆地赶到医院。"咋个样，好些了？"王学翠问道。"比前几天倒是松泛多了。"伍先忠弯下腰，用手摸了摸老人浮肿的脚背。

"今晚让娃娃回去睡。"王学翠指着放在床头柜上的一盒药，说，"他身体也不大舒服呢。""莫事，我来！"话音刚落，伍先忠径直坐到了床沿上。

"莫事，我来！"——过去30多年里，这是身为共产党员的伍先忠最常说的一句话。

一

1995年，而立之年的共产党员伍先忠担任蒋家关村党支部书记。

那时，村子依然贫困。山大沟深之地，即便有时收成不错，富余农产品也运不出去。年轻人一茬茬外出务工，村里一片萧条。

上任后的头一件事，伍先忠决定从通电开始，让村里彻底告别煤油灯时代。

"愿意通电的，请举手！"伍先忠的话刚出口，会场就齐刷刷地举起了手。

群众有热情，伍先忠就有了干劲。初步匡算，各家需要均摊600元左右的费用。村民们纷纷想办法凑钱。可是近半年时间过去了，仍有好几户没凑够钱。"伍书记，不是我们想拖后腿，是真的想不出办法！"

"莫事，我来！"伍先忠组织几名村干部到信用社贷款6000元，先凑齐材料款，开始栽电杆拉线。随后，他又把贷款分次全部转到自己名下，一人扛起了所有的还贷压力。

1997年春节，沉寂了多年的小山村终于通上电。一些老人喜不自胜："真没想到，老土屋还能挂上电灯泡。"

然而，那头，伍先忠家却闹翻了天——直到信用社上门催收贷款，妻子袁永翠才知道伍先忠给家里捅了个大窟窿！

袁永翠红着眼睛数落："背着这么多的债，日子怎么过？"伍先忠一声不吭。

"你把娃娃带好，我去挣钱回来还账。"那一年春节没过完，伍先忠就要出发去浙江打工。听说他要走，家里一下子来了10多个村民："伍书记，你去哪儿，我们跟着去哪儿！"实在拗不过大家，伍先忠最后决定："亏了钱，路费算我的；挣上钱，你们赶紧还账。"

到了浙江后，伍先忠恳求老板，能否每人先支付1个月工资。见伍先忠为人实在，还没开工，厂里就为每人预付了1000元工钱。

这笔钱很快邮寄回了蒋家关村。村民们循着汇款单上的地址找到了伍书记，也给他带去袁永翠的口信："平平安安回来，别苦了自己。"

年底，伍先忠用打工挣的钱还了贷款。

10多年后的2011年春天，为了修通一条长3.5公里的产业路，伍先忠再次找到银行贷款。与当年一样，伍先忠先让村干部贷款，交上工程款如期动工后，他又一次把贷款全转到自己名下，一人扛起所有的还贷压力。

至今，伍先忠还有15万元银行贷款没还上。妻子责怪他做事冒失，他却满怀信心："村集体经济发展壮大了，一切都好说。"

二

2014年初夏，伍先忠病倒了。一检查，早期食道癌，需立马做手术。那时，他的妻子也因病刚做手术不久。

村民们得知后纷纷说："就是花再多的钱，我们也要救伍书记的命！"

正在四处筹钱的伍先忠婉拒了这份好意，他只捎给乡亲们一句话："大家安心在家等着，等我回来。"

手术前夜，伍先忠怕第二天出现不测，便找来纸和笔写下："这可能是我最后一次向组织汇报思想了……如果我回不来，请找一个作风过硬的同志带着乡亲们继续奔光景……我还有一些贷款，用于修路，请组织相信我，这些年我没有乱花一分钱，没有还上的贷款，我让儿子替我还清……"

他又给两个儿子留下话："如果我下不了手术台，要照顾好你们的母亲，这些年，跟着我，她没享到一天福。银行贷款你们一定还上，不要给组织提任何要求，一定不能……"

4个月后，伍先忠和妻子袁永翠刚刚回到家中，乡亲们便接踵而至，全村500多户，没有一家落下。

三

2015年，原蒋家关村与立新村合并为新的蒋家关村，村两委班子要重新选。

选举村党支部书记的这天早上，袁永翠对伍先忠说："老伍啊，你可是搞不得了哦，好不容易身体才好些！"伍先忠点了点头。

全村94名党员，除去在外打工赶不回来的16人，其他78人全部到场。群众也从四面涌来。

尽管投票还没开始，但是大家心里都装着一个人——伍先忠。

投票结束后，开始计票。伍先忠的名字响起77次。大家正纳闷，是谁少投了一票？

这时，身体还未完全恢复的伍先忠被人扶着站起来，说："这一票是我没投自己。做了这么大个手术，我怕身体撑不下去，影响村上今后的发展！"

"不要紧，还有我们，我们能帮你！""你给思路，我们出力！""这副担子，只有你能挑得起！"……

见此情景，伍先忠百感交集，慨然道："既然大家这么信任我，我就是豁出命，也要跟大家一起把村子建设好！"

这一天，回到家，伍先忠刚跟妻子挑了个话头，袁永翠就反问道："你的身体能吃得消吗？你咋不要命了呢？"

这一问，伍先忠无言以对。又想起出院时医生的叮嘱："不要劳累，饮食要规律，定期来复查……"

良久，伍先忠才开口："能为村里办点事，就是命丢了，也值！"

打那天起，伍先忠开始与时间赛跑……

四

"品行比成绩更重要。"伍先忠这样教导两个儿子。

"我爸活在信仰里！"在伍鑫的记忆里，家里是父亲的另一个办公室，村民来办事，他总是不厌其烦。

长期的耳濡目染，在儿子的心中种下正直善良的种子。"长大后，一定要做父亲这样的人。"怀揣着这样朴实的想法，伍鑫在高中毕业前光荣地加入了党组织。从那以后，伍鑫感觉和父亲靠得更近了。二儿子伍军也紧跟哥哥的步伐，23岁那年加入了党组织。

"实际上，父亲是我没有写在纸上的入党介绍人。"伍鑫道出心里话。

那天，伍先忠给儿子打电话，以"我和你妈想你了"为由，让在西安工作的伍鑫得空回家一趟。

回家后吃完饭，伍先忠提议，父子俩一起出门散散步。伍鑫了解父亲，父亲一定是有事情要和自己说。

还没等伍鑫张口，伍先忠问儿子："这几年，村子发展得还行吧？"伍鑫接过话："那还用说，和小时候相比，可以说是巨变啊！"

伍先忠长叹了一口气："只可惜啊，眼下村里需要有能力、能吃苦的年轻人，好多事情还得再推一把。"伍鑫瞬间反应了过来："爸，你是不是想让我回来？"

"嗯，有那个想法，所以想征求下你的意见。"伍先忠满脸温和。"爸，我听你的！"让他没想到的是，儿子回答得斩钉截铁。伍鑫明白，父亲想让自己回来，一定有他的道理。

很快，伍鑫出现在村里，出现在伍先忠的身旁。

看到伍鑫放着每月上万元收入的工作不干，回家创业，大家先是想不通，后来想通了：这都是为了村上长远发展着想啊！受此触动，一些村民纷纷动员子女回村发展。30多位年轻人先后从外地回乡创业。在年轻人的推动下，村里的特色产业发展得越来越红火。

五

术后几年来，伍先忠的身体恢复良好。医生说他创造了奇迹。伍先忠却说："哪来的奇迹哦，我的命是乡亲们拽回来的，和他们在一起，心里踏实，也舒坦，往后再苦再难我都要坚持下去。"

2021年2月25日，作为全国脱贫攻坚先进个人，伍先忠走进人民大会堂接受表彰。这位一向坚强的汉子，在会场流下了泪水。

走出会场，想到千里之外的蒋家关村，伍先忠归心似箭。他多么想立马赶回去，和乡亲们一起分享这份巨大的喜悦和荣耀。

在伍先忠的带领下，蒋家关村大步走在振兴的路上。2021年"七一"前夕，随着两名预备党员转正，全村的正式党员人数从30多年前的10多名，发展到整整100名。这是又一件让伍先忠倍感欣慰的事。

《人民日报》2021年10月6日第8版

为了那一碧万顷

秦 岭

"先天下之忧而忧，后天下之乐而乐。"这是当年范仲淹笔下有关"八百里洞庭"的千古绝唱。自古以来，洞庭湖以广揽湘、资、沅、澧"四水"的情怀和吞吐万里长江的气概，抚育了无数杰出儿女，谱写了一曲曲人间壮歌。

2019年1月19日，一位年仅46岁的洞庭之子——余元君倒下了。他随身携带的党费证，记录永远停留在2018年12月的最后一笔党费。

余元君，生前系湖南省水利厅副总工程师兼洞庭湖水利工程管理局总工程师。

一

一湖洞庭水，多少天下事。新中国成立以来，洞庭湖区是全国著名的商品粮基地，也是湖南省粮棉等经济作物的重要生产基地，更具有天然的、无可替代的调蓄功能。

洞庭湖是一块宝地，可这块宝地不平静。1972年出生于湖南省临澧县荆岗村的余元君，从小就见证了旱涝无常带给洞庭湖区乡亲们的种种困难。"男儿立志出乡关"。1990年参加高考的他毅然选择了天津大学水利水电工程专业。为了不给贫寒的家庭增添负担，他挤出课余时间做家教、摆地摊，弥补学费不足。当年的同学至今记得余元君苦读攻关的情景：两个馒头，一包榨菜，机房里一待就是一整天。在做毕业设计时，他是全年级唯一一个选择用计算机编程做拱坝应力分析课题的学生。

大学毕业后，余元君婉拒了多家单位的工作邀请。他说："故乡，有我的'母亲湖'。"从此，湖南省水利系统多了一个"拼命三郎"。

洞庭湖水情复杂，余元君迎难而上，在湖区披星戴月、摸爬滚打。从普通技术员到业务骨干，再到复合型领导干部，余元君身份不断调整、变化的背后，是"俯首甘为孺子牛"的任劳任怨和"天地为栏夜不收"的拓荒前行。

多年来，余元君身兼省水利厅副总工程师、洞庭湖水利工程管理局总工程师，同时还负责洞庭湖重点工程的建设和管理。他主持或分管的工作，都是水利系统难啃的"硬骨头"、难跨的"铁门槛"。但是，不管多硬的"骨头"，他都要千方百计啃下来；不管什么样的"门槛"，他都要想方设法跨过去。

"一年365天，余元君有一半多的时间是在湖区度过的。"岳阳市君山区水旱灾害防御事务中心主任段先强对我说，"他腿勤，经常深入一线。"

我从余元君的工作日志中发现，仅1999年这一年，余元君就出差

101天，加班96次。"纸上得来终觉浅，绝知此事要躬行。"余元君不满足于稳坐"中军帐"推演沙盘。他风里来、雨里去，行走四方，在湖区堤防建设中推广刚刚开发的新技术、新工艺、新材料。他说："这些新东西如果不亲自过目、动手，我睡不安稳。"参加工作25年来的9000多个日日夜夜里，他几乎踏遍了湖区的每一寸堤段，足迹遍及洞庭湖3471公里一线防洪大堤、226个大小圩垸、11个重点垸、24个蓄洪垸……

湖南省水利水电科学研究院的同志给我讲述了余元君生前最后3天的工作轨迹：

1月17日下午，余元君从长沙母山基地奔赴岳阳市华容县城；18日上午，从华容县城辗转禹山镇，再从禹山镇赶往罗帐湖口，然后从罗帐湖口返回华容县城；下午，从华容县城赶赴东浃村，再从东浃村返回华容县城；19日上午，从华容县城赶往君山区钱粮湖垸分洪闸建设工地；下午4时7分左右，余元君心脏病突发，5时20分，医生宣告不治……

短短3天，他的行程多达600公里，每次就餐只有十几分钟，还连夜开会……在这生命的"倒计时"里，余元君主持或参与的工作有20多项。从这样一份行程表中，我似乎看到了余元君短暂一生的投影。而这段绵密、厚实、清晰的投影，正是他用生命为"只争朝夕"做出的注解。

二

余元君为洞庭湖倾注了大量的心血。天道酬勤，他也成为这方面有口皆碑的行家里手。

余元君有许多拿手的绝活儿。比如给他一支笔、一页纸，他就能勾勒出洞庭湖不同区域的水系图、工程分布图，而且速度快、位置准、数据实。有次上级领导深入现场调研，他立即手绘出一张洞庭湖重要堤垸、大型泵站、涵闸等水利工程的具体位置图，并标注了相关数据。领导愕然，惊问："这功夫，怎么练出来的？"

"比起老一辈'洞庭人'，我真的不算什么。"余元君谦虚道。

"洞庭人"，是余元君时刻谨记并始终生动诠释的身份。他常在党课中讲，当年，前辈"洞庭人"在极其艰苦的条件下，骑着自行车、划着小船，甚至用双脚一步一步丈量洞庭湖，用双手一笔一笔绘制工程图。我们如果丢掉本色，忘记初心，再强的技术革新，也只能事倍功半。

关于湖区治理，余元君说："要像绣娘绣花一样，一针一线都不能马虎。"关于防洪，他说："要像防猛虎一样，时刻厉兵秣马。"关于学术，他说："要用撞破南墙不回头的劲儿，钻！钻！钻！"为了掌握第一手资料，余元君总是亲自到现场走访踏勘，决不放过任何一个细节。段先强告诉我，洞庭湖曾经有一段大堤，治理期间需要对老的、破的、小的涵洞实施拆除或除险加固，余元君常常亲赴现场。其中有一处污水自排闸，洞内污水横流、臭气熏天。大家劝余元君不必亲自进去了。

余元君说："没有调查，怎能有发言权？"说完，匆匆穿上雨靴，拎起手电筒，钻进了漆黑的涵洞。

余元君从涵洞里出来的时候，浑身脏污，散发着刺鼻的臭味儿。当余元君卷起裤脚时，段先强才发现，余元君的腿部出现了大片红斑。

余元君有一双察险情、辨隐患的火眼金睛。2017年6、7月间，湘江和洞庭湖一带普降大雨，余元君多次顶风冒雨深入现场查看，用眼睛对湖区进行地毯式"扫描"，彻夜加班拿出了一份数据翔实、计算可靠的分蓄洪备选方案，为省防指决策提供了坚实的技术支撑。

余元君脑子快。他通宵达旦撰写的数十篇关于洞庭湖治理的论文，曾获得省级奖励。繁忙的工作之余，余元君不忘"充电"，攻读完硕士学位后，又向博士学位发起冲击。他告诫下属："紧跟世界科技防洪治理前沿，知识就是引擎。否则，我们的知识结构就会落伍。"

技术，是现代水利工作的关键。大家在技术方面有什么难题、困惑和症结，余元君不仅有求必应，而且主动"传帮带"。2017年，全国河道修防工职业技能竞赛在郑州举行。赛前，余元君亲自抓培训，并陪同技术能手开展野外训练，最终取得佳绩。

2017年，某设计单位对一项除险加固工程中的防渗方案拿不准，特邀余元君把脉。在余元君的指导下，设计单位对工程方案进行比选，最终确定的方案不仅节约了近1500万元，而且稳稳妥妥经受住了汛期的考验。

"行走的洞庭湖水利百科全书"——这是大家送给余元君的雅号。

三

中国有句老话："常在河边走，哪能不湿鞋？"余元君常走的岂止是"河"，那可是数千平方公里的湖啊！可是，余元君湖边行走20多年，从未"湿鞋"。

这些年来，国家综合治理大江大湖的各类建设项目、资金逐年增加。余元君光是经手的资金就有上百亿元，而且还长期主持技术评审、招投标。为了像守护洞庭湖一样牢牢守住廉政这道大堤，切实加强项目监管，他尽量减少项目法人与项目承建单位的直接接触。有人托关系找到余元君，他总会说："还是让合同说话吧。"

余元君兄弟姊妹9人，他排行第七，哥嫂均在外打工。修建于20世纪90年代的两层简陋砖混房，在荆岗村算是比较差的。余元君的一个亲戚是个小包工头，希望通过余元君承揽一些水利工程，结果被他一句话挡了回去："免谈。"

在荆岗村乃至周边县乡，几乎人人都知道余元君是唯一在省城长沙"干大事"的荆岗村人。对于村里的公益事业，余元君一向非常支持，逢年过节返乡，都要自掏腰包给孤寡老人发红包，老人们心里都暖暖的。2007年，村里向在外就业的乡贤筹资修路。大家都盼望通过余元君，让省水利厅支持一把。但余元君对村支书说："我支持修路，但找领导的事儿，你就别难为我了。"

那次，余元君自掏腰包，先后拿出了5万元。这对当时的余元君来说不是小数目——那时他的孩子才刚刚出生，正是需要花钱的时候。

受余元君影响，他的两个侄子先后考入了大学。余元君三哥的儿子余淼，在大学里读的也是水利专业，毕业后一直在一家施工公司做临时工，并没得到叔叔在工作上的"照顾"。但余元君常激励他："只有自己走，才能走出自己。"

余元君深爱着自己的妻子和儿子，可一家三口的"全家福"仅有两张。2018年，余元君第一次休年假陪妻子、儿子远游的首选地，却是四川的都江堰。他对妻子感慨："都江堰修建2000多年了，仍在发挥作用。洞庭湖的工程也要像都江堰一样修成精品。"

为了这样的愿景，余元君真正做到了鞠躬尽瘁。他用年轻的生命谱写了又一曲中国水利人践行使命的壮歌，与范仲淹笔下"上下天光，一碧万顷"的滔滔洞庭湖构成了岁月的共鸣。

2019年，余元君被追授"时代楷模"和"最美奋斗者"荣誉称号。

《人民日报》2021年10月18日第20版

向宇宙深处进发

王宏甲

2016年9月25日，国家重大科技基础设施500米口径球面射电望远镜落成启用。中共中央总书记、国家主席、中央军委主席习近平发来贺信，向参加研制和建设的广大科技工作者、工程技术人员、建设者表示热烈祝贺和诚挚问候。习近平总书记在贺信中指出，500米口径球面射电望远镜被誉为"中国天眼"，是具有我国自主知识产权、世界最大单口径、最灵敏的射电望远镜。它的落成启用，对我国在科学前沿实现重大原创突破、加快创新驱动发展具有重要意义。

从此，"中国天眼"成为中国老百姓叫起来朗朗上口、充满自豪感的名字。

一

2021年3月31日，"中国天眼"正式对全球科学界开放。

它是世界最大单口径、最灵敏的射电望远镜。它首次发现脉冲星是在2017年8月22日，那时候南仁东正在生命的最后一段时光里。

而截至2021年3月29日，通过"中国天眼"，我国已发现300余颗脉冲星。

为什么特别说到脉冲星？

"脉冲星就像宇宙中的灯塔。由于它精准的规律性，脉冲星还被认为是宇宙中最精确的时钟。"南仁东曾这样说。

想象一下，就像你在大海上看到灯塔上的航标灯，航标灯不断地旋转着，一明一灭。脉冲星自转时发出的光，就像灯塔的光束不断地扫过太空。当它的光束直射到地球时，就是用射电望远镜能探测到的脉冲星信号。

再想象一下，人类进行深空探测、星际航行，如果飞往火星，或飞出太阳系，甚至飞出银河系，那是无法用地球上的定位系统去导航的。如果确知分散在宇宙中的很多脉冲星的位置，就可以通过它们来定位和导航。同理，当人类发射飞船去火星或更遥远的地方，在行程中发回脉冲信号，"中国天眼"就能接收到它的信号，并判断它的位置。

"中国天眼"的功能远不只是寻找脉冲星。按中科院国家天文台的权威说法，"中国天眼"的设计综合体现了我国高技术创新能力。它将在基础研究众多领域，例如在宇宙大尺度物理学、物质深层次结构和规律等方向，提供发现和突破的机遇；它还将推动众多高科技领域的发展，提高原始创新能力、集成创新能力和引进消化吸收再创新能力。

在20世纪结束的时候，中国最大的射电望远镜口径只有25米。相比美国350米口径的阿雷西博射电望远镜，差距巨大。时隔16年，"中国天眼"，这个500米口径的球面射电望远镜横空出世，一举挺进到人类探测宇宙奥秘的最前沿。那么，它是怎样出现的？

南仁东就是"中国天眼"的原首席科学家兼总工程师。2018年12月18日，中共中央、国务院授予南仁东"改革先锋"称号。2019年9月17日，国家主席习近平签署主席令，授予南仁东"人民科学家"国家荣誉称号。同年9月，坐落在贵州的"中国天眼"基地被中宣部命名为"全国爱国主义教育示范基地"，也是全国中小学生研学实践教育基地。

二

吉林省东辽河上游的辽源，是南仁东的家乡。1945年2月19日，南仁东在这里出生。

少年南仁东爱看"小人书"，口袋里有几分钱就会到出租连环画的书摊去。有时口袋没钱，摊主也让他免费看。一个人小时候对"不知道的事物"充满兴趣，眼界和情怀都会在阅读中悄悄地生长。

南仁东读书成绩不错，但直到上了初中，也只是不错，并不很突出。有位名叫赵振声的老师观察南仁东，认为这个学生无论从哪方面看，都应该出类拔萃呀！一个星期天，赵振声把南仁东叫到家里"谈了一天"。谈什么？就是鼓励南仁东将来为国家做贡献。南仁东考上大学后，曾特地去看望赵老师。他一生都感激赵老师在他15岁的那个星期天，打开了他的人生之志。

人生之志！这是中华文化弦歌不辍的精神瑰宝。"古之立大事者，不惟有超世之才，亦必有坚忍不拔之志。"心中有没有志，学习是不一样的。18岁那年，南仁东参加高考，以吉林省理科第一名的优异成绩被清华大学无线电系录取。

1968年初冬，大学毕业的南仁东被分配到吉林通化无线电厂。这是个1966年新建的小厂，总共不到150人。这个普通的工厂，成为南仁东一生中至关重要的另一所大学——社会实践大学。

起初，厂里安排他去包装车间。他去车间里转一下就出来找厂长"理论"，要求换工种。厂长把他改分到无线电组装车间去做"小金工"。金工是各种金属加工工作的总称，包括车、铣、刨、磨、钻等工艺。南仁东喜欢小金工。可是，他很快就体验到"连车个简单的小零件也连连出废品"的尴尬。正是这尴尬，使他认识到什么是"一丝不苟""严丝合缝"，并重新认识"工人"二字的含义。

1969年厂里接上级任务，要研发便携式小型收音机。南仁东入选厂科研小组。这是厂里以前没干过的事，怎么攻克这难题？厂里号召大家向大庆油田学习。学着学着，他被王进喜的话打动了："这困难，那困难，国家缺油是最大的困难。这矛盾，那矛盾，国家建设等油用是最主要的矛盾。"

"有条件要上，没有条件创造条件也要上！"那时工厂操场的墙上、车间里、食堂里都贴着王进喜这句话。那时关心工厂研发收音机的不只是科研小组成员，而是全厂职工包括家属。南仁东感到有一个巨大的群体在鼓舞着研发。

他边学边干，把大脑里的知识去生产线上对号入座，把理论上的难题去与机器的实际运转磨合，他很快成为研制小组的骨干。24岁的南仁东和技术员、工人们一同研发的收音机终于成功了。工厂里一片欢呼，大喇叭里播放着他们研发的收音机收到的歌声："雄伟的天安门，壮丽的广场……"

他们研发的"向阳牌"收音机走俏全国，成为著名品牌。这是南仁东第一次参加一项科研新产品的设计研制，第一次实现了把知识变成技术，把技术变成产品，进而变成商品，进入千家万户的过程。这个经历对南仁东非常重要。

他在通化无线电厂"学工"10年，经历了研制便携式收音机、电视发射机和小型智能计算器的全过程。今天通化厂的老干部、老工人对南仁东的评价是：他车、钳、铆、电、焊样样都会，样样都精，设计、制图也很专业。

"我是个战术型的老工人。"南仁东这句话里有他对自己青年时代工厂生活的回忆，有他同工友们的友谊……那种在车间里铺开图纸，一边端着饭盒吃饭，一边讨论技术问题；那种日夜加班，没有加班费，却没有一个人叫苦叫累；那种大热天吃完饭，用手抹一把脸上的汗，接着干的生活是快乐的。

南仁东初进厂不愿去包装车间，后来他却主动去包装车间"补课"，还去锅炉房干活。他还琢磨统筹谋划、分工协作，了解从原材料进厂到出成品，中间有多少工序。这已不只是技术，连科研带生产，包括设计、绘图、论证、材料准备、购置新设备、设备维修、计划调度、人员配置、成本核算……他全部去了解去实践。他为什么这样做？

什么叫总工程师？哪一块都拿得起来，权威性就有了，协调能力就有了。多年后，南仁东成为"中国天眼"的首席科学家兼总工程师，通化无线电厂是他成长的摇篮。

1978年，南仁东被中国科学院研究生院录取为天体物理专业研究生。"告别那天，很多人掉泪了。"如果没有经历过那段岁月，也许不容易理解这告别中的深情。他的青年时代，党和国家号召知识分子与工农相结合，科学实验与生产实践相结合。南仁东做到了。

三

1981年南仁东获硕士学位，到北京天文台工作，并继续攻读博士学位。他的档案里记载着这一时期他取得的一系列专业成就。然而能做出创造性成就的人不是只靠"专业"，1985年，南仁东感到需要走出去开眼界了。

这年他40岁。秋冬之交，他去苏联访问了两个射电天文台，也是为了去看看奥斯特洛夫斯基的家乡。学生时代，他喜欢读文学作品，最打动他的是《钢铁是怎样炼成的》。他一直为保尔·柯察金所感动着。他不知道养育了保尔·柯察金的地方是什么样子，他很想去看一看。

他去了。那里有他青年时代的英雄情结。我想，南仁东去看保尔·柯察金生长的地方，是想去寻找一座精神的熔炉。然而，此后他将以自己的生命经历证明：真正的熔炉不在别处，就在他自己的理想、情感、信仰和坚忍不拔的意志中。

我为什么写下这些？我曾用了一年多时间追寻南仁东，渐渐从他亲朋好友的回忆中，从朦胧到清晰地看见一个毕生朝着自己认定的人生价值去作为的南仁东。我日益看见他性格和爱好中所凝练的意志，渐渐感觉能听见他灵魂的声音……南仁东在苦苦追觅、积累、探索天体宇宙方面的学问，以及要用这些学问去从事的创造。就其个人来说，这是需要投入超乎寻常的精力、需要有足够的奉献精神的事业。要知道，南仁东主持的"中国天眼"是在非常的艰难中争取立项。如果没有非凡的理想，没有非凡之志，他会去争取、会去做吗？

我再次看到，一个人心中坚忍不拔的志向，这种心志所凝聚的价值观，是比才华重要得多的东西。

四

1993年发生的一件事，是值得在这里记述的。

这年9月，国际无线电科学联合会第24届大会在日本京都召开，南仁东参加了国际天文学联合会所属的射电天文学分部的会议。正是在这个会议上，多国天文学家共同提出：要抓紧建造新一代功能强大的"大射电望远镜"。因为地球上无线电的大量使用，越来越多的电波干扰了接收外太空信号，如此下去，人类将被封锁在自己发出的无线电波之内，无法对浩瀚的宇宙做更深入的探索研究。

这是要超越美国阿雷西博射电望远镜，一国的力量难以实现，须多国联手。于是，会议决定成立国际大射电望远镜工作组，由包括中国在内的10国代表组成。

在中科院科学传播局主办的南仁东事迹展里，有一段文字这样写道："他先后在荷兰、日本、美国、英国及意大利等多家天文机构进行客座研究，回国后曾任北京天文台副台长、北京天文学会理事长等职务。"从1985年到1993年这8年，南仁东去多国天文机构做客座研究。他在日本京都参加射电天文学分会的讨论，深知多国将联合建造大射电望远镜这件事的意义！ 1993年9月24日，他从日本回到北京，迅速向中科院提出：我们要积极争取让国际大射电望远镜建到中国来。

"这是一个必须抓住的机会。"南仁东说。如能争取到，将极大地提高我国天文学乃至基础科学的研究水平。但是，多国也在争取，我们有希望争取到吗？只有去筹措，才有希望。南仁东开始四面八方联络一批天文学家共谋此事。

1994年初春，北京天文台院子里的树枝冒出新绿的时候，南仁东拿出了一篇《大射电望远镜（LT）国际合作计划建议书》。这份建议书共1.73万字，融入了我国天文学家积蓄百年的科研理想和奋斗激情。这是一份历史性文档，也是南仁东全力以赴为国"出征"的宣言书。

建议得到中科院支持。随即着手选址。这年6月底，他和一位在选址中发挥重大作用的人相遇，这个人就是中科院遥感与数字地球研究所的博士聂跃平。

在贵州万山深处选址，这是南仁东与农民结合的10多年。无论去哪里，总有农村干部和农民群众为他带路。无路的地方，要用柴刀在丛林中劈出一条路来，没有农民兄弟的帮助是进不去的。而建造"中国天眼"，也正是在无路的地方辟出一条路来。

雨衣、解放鞋、柴刀、拐杖，是他们长年携带的装备。这是南仁东、聂跃平和选址的科研人员再次经历的"社会实践大学"。不论科学多么尖端，理想多么高远，仍需脚踏大地前行。

最让南仁东无法忘怀的是，普定和平塘两地，仅仅听说尚家冲和大窝凼有可能成为大射电望远镜的台址，农民们就把能通汽车的路修到了大山深处。

"不要修，不要修，还没定啊！"南仁东反复说。可没人听他的。那是冬季，那两条路都是在荒山野岭中修出来的。当时的贵州虽然经济相对落后，但那里的农民有股精气神，他们筑路的劳动里有无法用金钱计算的东西。

南仁东曾说"要积极争取"，贵州人民的"积极争取"一次次让南仁东感动泣下。漫长的12年选址和种种"积极争取"的过程中，他遇到了各种困难和挫折，贵州人民的殷切期望和真情相待，是他最大的支持力量。

五

选址是卓有成效的。就因中国的选址报告，1995年10月，有30多位国际著名的天文学家到中国贵州来开现场考察会。但此后，南仁东遇到的困难变得复杂起来。他越来越感到有一股力量在阻止中国争取到这个国际项目。1997年，南仁东意识到，不能把希望完全放在争取国际项目上。一个想法逐渐在他的头脑里成熟：我国应自主建造一架500米口径的射电望远镜！这个计划被命名为FAST。

这是南仁东的"两手准备"之一，他并没有放弃争取国际大射电项目。南仁东曾去征求一位外国友人的意见，得到的回答是："你们连汽车发动机都做不好，怎么能造大射电望远镜？"这句话激起南仁东痛彻的反思。他想起自己十分敬佩的"两弹一星"科学家，当年中国的科技、经济条件都很落后，但老一辈科学家却成功搞出了"两弹一星"！南仁东强烈地意识到：关键技术需要自主创新，老一辈科学家做了很好的榜样，我们现在要向他们看齐！

这期间他的身体出现严重不适，结肠溃疡困扰了他多年。由于他抽烟多，同事们担心他肺部出问题，曾多次劝他去医院检查。他总是说工作忙没时间，不去体检。同事说他生怕查出问题会影响"大射电"立项。他的学生说，南老师其实是个早已把生死置之度外的人，但他说，我要用没死的时间去完成FAST这项巨大工程。他说我们没有退路，FAST没有退路，我们的民族也没有退路，我们一定要冲出去！

就在2005年11月，60岁的南仁东向中科院提出：要向国家申请，由我国独立自主建造500米口径射电望远镜。2006年7月，中国申请国际大射电望远镜的方案被否决。2007年7月，我国发改委批复FAST工程正式立项。

这天，南仁东把团队集合起来，对大家说："FAST立项，不意味着胜利，我们只是刚刚出发。但是，我们正向宇宙的深处进军。"

六

壮志可嘉。但，能不能成功？

从1993年开始，南仁东联系了20多家大学和科研院所的100多位专家。从那时起，他不仅是研究FAST的首席科学家，也是研究众多科学家的科学家，他由此看到"可能性"的存在，重要的是把散在各地的科研力量凝聚起来！这个过程，就是FAST总工程师的诞生。

FAST一经正式立项，决定由我国自主建造，全国积极参与这项大科学工程建设的有近200家大学、科研院所和大中型企业，2016年9月25日，FAST终于落成启用。

南仁东生前淡泊名利，在天文台众所周知。他说过："在浩瀚的宇宙中，人的一生无论做过什么都微不足道。"但是人们记得南仁东，不少外国友人也记得南仁东。英国天文学家乔瑟琳·贝尔就是其中之一。

乔瑟琳·贝尔是世界上第一个发现脉冲星的人。2017年8月她到中国贵州，第一次看到绿水青山之中藏着这样一个巨大的射电望远镜，空中高悬着馈源舱，一切有如幻想的天宫奇境……她赞叹道："太美了！这是一位画家设计的吗？"她当然知道，这是南仁东设计的，她是对设计之美发出由衷的赞叹。

每个人都有理想。南仁东把一生的三大理想——美术、建筑、科学——如此完美地融合在一个世界最大的射电望远镜中，如此开阔地将地球、人类，同宇宙联系在一起。

我一遍遍看了他生命中最后一段时光留下的影像，听到他将FAST的科学意义概括为7个字："一黑二暗三起源"。一黑是黑洞，二暗是暗物质、暗能量，三起源是宇宙起源、天体起源和生命起源。他说这都是FAST要探索的任务。他的声音很小，短促而吃力，有些话连不起来，但反复听，还是能听出他的思索。他在最后的生命时光中，依然没有停止关于宇宙与生命的思索……

《人民日报》2021年11月22日第20版

小巷里，温暖的厨房

彭文斌

2021年11月6日。由北京飞往南昌的航班上，一对戴着口罩的老夫妇正在小声地用南昌方言聊天。

"你说，这飞机会晚点吗？听孩子说，南昌那边在落雨。"瘦瘦的老人看着舷窗外，忧心忡忡。

坐在他身边的妻子也是一脸焦灼："应该不会吧，是小雨，不碍事的。"

老人把身体往座椅上一靠，说："还别说，才离开六七天，这心里头不晓得有多想念那个厨房。"

这对老人，就是刚刚从人民大会堂领奖归来的第八届全国道德模范万佐成、熊庚香夫妇。

油条摊子来了新"生意"

南昌多香樟。一到暮春，满城飘着香樟清新的芬芳。

这是2003年春天的一个日子，天晴，10点多钟的光景，阳光洒满巷口。

像往常一样，万佐成全神贯注地炸着油条，锅里发出呲呲声。6个炉子安静地排列在那儿。

"师傅，能借借火吗？"一个小心翼翼的声音传过来。

万佐成抬头看去，只见三四米开外，一男一女推着一辆自行车，后座上坐着个男孩，车龙头上挂着几只鼓鼓囊囊的塑料袋。说话的那个女人，40岁模样，脸色苍白，头发有点凌乱，双眼带着淡淡的忧伤。"你们炉子里剩下的火，可不可以让我们炒个菜？我给钱。"说着说着，女人哽咽了。

"孩子生病了，想吃妈妈烧的饭菜。我们特意去买了菜，想找餐馆加工，一路问来，已经找了好久，可是……"那个男子在旁边补充道，说罢，一声叹息，眼神黯然。

万佐成和熊庚香不约而同地盯着男孩的右腿，那儿，裤管空荡荡的。

男孩的嘴很甜，笑着叫了声："爷爷奶奶好！"

熊庚香应了一声，鼻子忽地一酸，伸手摸了摸孩子的头。

可怜天下父母心。万佐成马上让出位置，热情地说："来，锅正好闲着，你们快用吧。"

万佐成从中年男子那儿大概知道了这一家子的情况。他们是江西宜春人，孩子今年11岁，患了骨癌，前不久做了截肢手术。儿子在江西省肿瘤医院待腻了，吵着要回家，说是要吃妈妈烧的饭菜。孩子正处于治疗关键期，不能半途而废，无奈之下，两口子便商量着买菜加工，谁知医院附近的几家餐馆生意火爆，都说没空。

　　女人麻利地炒好了菜。熊庚香忙着给她打包。男人从上衣口袋里掏出钱包："师傅，你算一算，多少加工费？"

　　万佐成伸出手一挡："什么钱不钱的，不就是一点多余的火嘛，不要钱！只要孩子需要，你们可以天天来炒菜，免费用炉子。"

　　没过多久，这个小巷子里的油条摊子在患者家属中传开了。一传十，十传百，越来越多的患者和家属来万佐成、熊庚香夫妇这里炒菜。6个炉子不够用了，万佐成跟妻子商量，一口气又添置了10套炉灶。再后来，老两口干脆停了做油条的生意，一心一意张罗厨房。

　　这条2米多宽的小巷子热闹起来了，每天暖洋洋的，仿佛一处避风港。患者和家属们洗菜、切菜、炒菜、煲汤，烟火缭绕，香鲜袭人。他们找回了久违的温暖气息。

　　心灵手巧的万佐成赶制了几个木架子，摆上瓶瓶罐罐，香料、盐巴、白醋、生抽、料酒。一层摆不下，再摆第二层。他特意贴上一张红纸，写下一行字：调料免费。铁锅、高压锅、热水瓶添置了一个又一个，煤球一换就是上百个。

　　不过，万佐成慢慢发现了一个奇怪的现象，不知从何时起，前来加工菜肴的人渐渐少了起来，一些熟人甚至悄然退场。他心里直犯嘀咕，一时搞不懂问题的症结所在。

　　这一天，万佐成实在忍不住，拽着一位熟人想探个究竟。

　　"万师傅，其实原因很简单，你不收费，时间久了，大家不好意思。"那位熟人掰着手指说，"煤球、洗菜水、调料、厨具、炉灶、烧水壶、热水瓶，哪一样不花钱？你每天得垫付多少钱啊，大伙聊到这事，哪个不感激，哪个又不内疚？"

万佐成急得直搓手："你去跟大家说说，没关系，我们两个人平常开销不大，以前做生意也有点积蓄，承担得起。"

对方将头摇得像拨浪鼓："不行，不行，将心比心，我们良心上过不去。万师傅，你还是收点加工费吧。"

万佐成见事情僵持不下，便跟熊庚香商量，最后决定每加工一个菜，收成本费5角钱。

很快，爱心厨房的人气又噌噌噌地飙升起来。老两口的脸上重新绽放出光彩。

万佐成、熊庚香古道热肠的事传开了。因为厨房位于江西省肿瘤医院外面的小巷子里，专供患者及其家属加工饭菜，人们便把这儿叫作"抗癌厨房"。

随着物价上涨，每个菜收5角钱成本费已经难以为继。2016年，万佐成、熊庚香在反复商量之后，将加工费标准作了调整，炒一个蔬菜收1元，炒一个荤菜收2元，熬一锅汤收3元，调料依旧免费供应。

吃饭是大事

从早晨4时起床，用木柴给煤炉生火，一直忙到晚上11时，这是万佐成、熊庚香两口子的工作时间。一年365天，天天如此。

天刚蒙蒙亮，就有患者和家属陆续过来加工菜肴，熬制营养汤。星光和灯光从那些晃动的人影上滑落。锅铲、瓢盆在砧板上交响，演绎人间的日常。

熊庚香如同一个交通员，在人群中穿插，给人们递上厨具，送来调料。她操着浓浓的南昌方言，中气十足。这个声音在，每个人的心里都踏实。

"大姐，你有一副菩萨心肠。"正在留言簿上写字的南昌市民郑先生忽然抬起头，看着熊庚香，认真地说道。

熊庚香不好意思地咧着嘴笑。她不知道郑先生在写些什么，自己不识字。

闲下来，读了几年书的万佐成瞄了一眼，发现郑先生竟然写了两则留言。

一则是："爱心厨房"，万佐成夫妇在这片狭小的空间内传递出浓浓的温情，为患者和家属提供锅碗瓢盆、炉灶煤火、柴米油盐，象征性地收1元钱成本费，只为让患者吃上热气腾腾的"家中味道"。全年365天的忙碌无休，执着坚守，源自他们内心的善良。

或许觉得意犹未尽，郑先生又写了一则：18年来的坚持和爱心，为癌症患者提供守护，用他们朴实的烟火气息照拂寒夜的路人。1元"抗癌厨房"背后的人生值得我们细细品味。初心可贵，坚持不易。

而熊庚香的话总是特别实在："日子得慢慢地过，吃饭是大事，吃得好，患者开心，家人开心。"

一天晌午，加工做菜的高峰过后，那个做了一辈子豆腐的左大爷扶着老伴蹒跚着走进了小巷。

"大妹子，我想炒两个菜，行啵？"左大爷朝着正在打扫卫生的熊庚香扬了扬手中的手提袋。

熊庚香自然满口答应，招呼左大爷老伴坐下后，自己帮左大爷挑拣蔬菜。

左大爷的老伴患了乳腺癌，从上饶到南昌，跑了多家医院，最后才算在江西省肿瘤医院常"住"下来。老两口感情好，老伴生病之后，左大爷更是如影相随，不离左右。

从这一天开始，左大爷和万佐成夫妇的交往，持续了11年。每次做好饭菜，看着老伴吃得有滋有味，左大爷感到很欣慰。

那天，左大爷和老伴终于要回上饶了，两人特意来告别。老伴坐在老地方，拉着熊庚香的手，忽然抽泣起来。

"舍不得啊，这里比家还好，开心。"老伴的目光里满是留恋。

熊庚香也忍不住一阵阵心疼。她不擅表达，只是说："好人一生平安，嫂子，放宽心，你会养好的。"

时光仿佛奔涌的赣江水，一去不复返了。万佐成、熊庚香还是那样忙忙碌碌，从拂晓到夜深。

万佐成从来来往往的人流里品尝到了别样的人生感悟："来到这里的每个人都有伤心事。我就希望大家在这里热热闹闹的，能忘掉一些烦恼。"

"想见见万大哥"

昏黄暗淡的灯光下，万佐成穿着那件草绿色工作服，倾斜着身子，提着一桶煤球，逐个给炉灶添火、加盖风管。

熊庚香穿着低帮雨鞋，站在案台前，洗刷厨具，发出叮叮当当的响声。洗完一堆，又回身去抱来一堆。由于雨鞋的码数大，每走动一步，发出叽叽的声音。

待地面卫生打扫干净，桌椅板凳归位，锅碗瓢盆洗净，万佐成便坐在一楼右侧的房间里整理那些没有烧透的煤球。他挥刀剔除无用部分，将灰黑的部分挖下来，安放在一个铝皮制成的大炉子里，准备明天一早生火。说起这个大炉子，颇有些年头，是万佐成当年炸油条起家时，自己买来材料捣鼓出来的，屈指数来，有20多年的光景。

一阵脚步声打破了宁静。万佐成抬头一看，是一位熟人。

"万师傅，有人要我捎个话，想请你们两口子去专门做早餐，每个月8000元，不晓得你们愿不愿意？"

万佐成毫不犹豫地摇头："谢谢好意，我们哪儿也不去。只要我们还能干活，就守着这个厨房，那些患者和家属需要吃饭。"

来人失落地走了。

灯影里，老两口不知不觉聊起那位赣南的老张。

老张50多岁，被检查出肝癌晚期时，医生宣布他只有半年左右的时间。"抗癌厨房"是老张几乎每天要来的地方，只要身体状况允许，他必然晃晃荡荡来到小巷，或者炒三两个菜，或者跟万佐成谈心。一来二去，两人竟然成为莫逆之交。

万佐成与老张分享了他多年来跟患者打交道的心得：一定要配合医生的治疗；心态要好，心宽有利于延长寿命；护理十分重要，尤其是要吃好，营养跟上了，才能与癌症抗争。

万佐成告诉老张："吃饭是大事，先把肚子填饱了，再去治病。"

只要到了这条小巷，老张的脸上就荡漾着一种神采，不时哈哈大笑。被医生预言只有半年时间的老张，竟然撑了3年。

2016年春夏之交，老张的身体状况急转直下，日益恶化。肿瘤医院善意提醒家属，时间不多了，继续在医院于事无补，还是回赣南吧。

那是个阴天，已经不能站立的老张被送到救护车前，却死活不肯上车。他的眼睛看着家人，抬起手，吃力地往医院外的巷子方向指了指。

"我，想见见万大哥……"

家人用轮椅缓缓推着老张来到了爱心厨房外面。此时，已经有不少人在忙乎着准备午餐。正在干活的万佐成隐隐约约听到了谁的呼唤声，他顺着声音看去，但见老张歪着身子，朝他有气无力地挥着手。万佐成吃了一惊，赶紧放下活计，拨开人群，冲到了轮椅前。

"万大哥，我要回赣南了。"老张吐字已经不太清楚，很吃力。

万佐成忍住眼泪："好啊，可以回家团聚了，千万记得好好休养啊。"

"感谢你3年来的帮助，很开心……"

老张抖抖索索伸出手，万佐成赶紧一把握住。两人静静地凝视着对方，谁也舍不得先抽出手来……

后来，在南昌市青山湖区湖坊镇的关心和支持下，钢架棚建起来了。那些在"抗癌厨房"炒菜的人们，不必再担忧大风雨水的侵袭。

青年志愿者也来了，忙着安装空调、电风扇和冰箱。他们朝气蓬勃，给"抗癌厨房"增添了不少活力。

更多的人，悄悄送来大米、食用油和各类食材，不愿留下姓名……

万佐成说过："我们就像墙上的那口钟，只要不坏，就一直转下去，做下去。"

18年的光阴河流，流淌着多少悲欢离合。18年的日月星辰，记住了这巷子里温暖的厨房和这一对夫妇。

又一拨患者和家属拎着大包小包过来了。一炉炉烈焰起舞。铁锅里传来毕毕剥剥的响声。切菜剁肉的声音此起彼伏。香气，萦绕在小巷的空中。

这人间的烟火气息，是多么的迷人……

《人民日报》2021年12月27日第20版

用爱撑起一片天

孙克勤

岁月流淌，时光飞逝。这天，在江苏扬州城里经营洗衣店的周忠燕，风风火火地赶回丈夫的老家——高邮市送桥镇神居山村。她要去收拾整理老屋里的物品，因为这里很快要搬迁了。

在老屋里，周忠燕打开一只暗红色的木箱。她看到了婆婆心中的宝贝：一顶军帽，一条军用领带，和一摞摞做布鞋用的千层底。千层底一共36只，32只已经纳好，4只尚未完工，针和麻线还绕在上面。捧着这些千层底，周忠燕那曾经痛得快要撕裂的心，又一次被狠狠地撞击……

一

那是2009年6月24日。西藏山南市错那县边防某团汽车队队长胡永飞，带着官兵为高山哨所运送物资。当胡永飞等人的卡车经过一处盘山路急弯处时，突遇道路塌方，他们连人带车掉进了悬崖，驾驶室里3个人全部摔出车外。已经受伤但仍清醒的胡永飞，眼看一块被车带落的大石头朝他们滚过来，他一把推开身旁昏倒在地的战士刘波。刘波得救了，胡永飞却被滚石砸中，壮烈牺牲。胡永飞后被评定为烈士。

那时候，周忠燕和胡永飞结婚才4年。得知噩耗的周忠燕强撑着赶到部队。她抱着丈夫的遗体，哭得声嘶力竭。平静下来后，周忠燕忍住悲痛为丈夫整理遗容，她从丈夫衣柜里找到一双新布鞋，给他穿上。

刚结婚时，周忠燕在高原部队里住过，见过这双布鞋。听丈夫说，那是他刚入伍时妈妈给做的，让他一定要带上。他心疼妈妈操劳，一直舍不得穿。丈夫还说，等转业返乡时，他要穿上这双布鞋，踏上老家门口的那条小路，回到妈妈身边。周忠燕忘不了丈夫说话时那充满期待的眼神。只是没有想到，自己的丈夫再次穿上这双布鞋，却是在这样的时刻。周忠燕一边流着泪，一边在心里默默对丈夫说："飞哥，穿上这双鞋，我带你回家看妈妈吧！"

二

胡永飞牺牲时才31岁，周忠燕28岁，他们的儿子胡博文刚刚16个月。回到高邮，周忠燕看着年幼的孩子，反复对自己说：孩子还小，需要一个健康快乐的童年。她做出了一个决定：为爱撒一个谎，向孩子隐瞒爸爸牺牲这件事。小博文喊爸爸找爸爸时，周忠燕就告诉他，爸爸是一名军人，在西藏。刚开始，周忠燕编几句话就糊弄过去了。慢慢地，小博文开始不断地追问她，为什么自己没有爸爸？周忠燕只能拿出丈夫的照片给儿子看："谁说博文没有爸爸？爸爸是解放军，在西藏保卫边疆哩！"

从小博文上幼儿园开始，周忠燕就和每位老师做了一个约定：为了孩子的快乐成长，请他们一起对孩子隐瞒爸爸牺牲这件事。尽管如此，聪明的小博文还是觉察到一些不一样。每当看到其他小朋友有爸爸接送时，他就失落地问妈妈："爸爸怎么不回来看我？是不是不爱我了？"周忠燕总会认真地对儿子说："爸爸最爱博文了，他每次写信都会问到博文。爸爸不回来是因为工作太忙，实在走不开。"平时，周忠燕会主动给儿子讲述关于爸爸的事情。小博文也会经常得到一些玩具，还有牦牛肉干等西藏特产。周忠燕告诉儿子，这些都是爸爸托人从西藏带回来或者寄回来的，其实都是她自己从网上购买的。

可是，小博文毕竟越来越大了，他已经不再满足于妈妈的转述。周忠燕和老师商量：孩子渐渐大了，要给他一个表达感情的出口。于是，他们引导小博文给爸爸写信，把想对爸爸讲的话写在信里，然后由周忠燕充当爸爸的角色回信，表达思念和鼓励。博文又跟妈妈提出："听说高原也通飞机了，我想坐飞机去西藏找爸爸。""飞机票太贵了，等我们以后有很多钱了，就乘飞机去。"听妈妈这么说，博文就不再开口了，他知道妈妈赚钱养一大家子不容易。他默默下决心，先好好学习，等以后家里有钱了，再买飞机票去看爸爸。

直到小博文过了10岁生日，周忠燕决定把真相告诉儿子。那一年清明节，她把儿子带到高邮烈士陵园，带他去认爸爸的墓。母子俩在胡永飞墓前的草坪上，整整坐了半天。周忠燕掏出纸巾，仔细擦拭墓碑上丈夫的照片，轻轻抚摸着那张她最熟悉的脸庞。她有好多话要对丈夫说："我们的儿子已经10岁，以后我再也不用躲躲藏藏地来看你了……"

接着，连续两年，周忠燕带着儿子上雪域高原，登边防哨所，住连队宿舍，努力追寻爸爸的足迹。周忠燕在每一个曾经同丈夫合过影的地方，和儿子拍照纪念。她想以这样特别的方式，让一家人相聚在一起。爸爸在儿子心目中的形象，也逐渐变得清晰、立体起来。同时，在与爸爸生前部队官兵的接触中，胡博文也更加读懂了军人的大爱。从西藏回来后，他就给在西藏的解放军叔叔们写信，信中写道："在我的记忆中，一直没有见到过我的爸爸，妈妈以前总是骗我说'爸爸在西藏'，去年才知道爸爸早已牺牲了。爸爸是一个英雄，这两次在高原部队里，我看到了无数个和爸爸一样的英雄！我要像你们一样，做一个对社会有用的人……"

三

捧着这36只千层底，周忠燕心里推测，这些应该都是婆婆10多年前一针一线纳制出来的。

1998年，家中独子胡永飞当兵走上高原，公公婆婆以儿子为荣。胡永飞一年也回不来一次，婆婆便把对儿子的思念，一针一线纳进一只只千层底中。有人见婆婆不知疲倦地纳千层底，就想向她要一双。婆婆把千层底往怀里一搂，说："这是给小飞做的，他在部队上整天穿皮靴、胶鞋，那个没有布鞋养脚。"

然而，天有不测风云。2006年的一天，公公在去上班的路上，突然遭遇车祸不幸身亡。好在，婆婆坚强地挺了过来。从此，儿子成了她的精神支柱。

那时，周忠燕和胡永飞结婚刚一年。为了照顾好婆婆，让丈夫安心驻守边疆，周忠燕说服远在四川老家的父母搬到高邮来一起生活。很快，农家小院里又充满了生机。婆婆一有空闲，又会静静地坐下来纳千层底。她说："趁着自己还没有老，多纳一些鞋底存放着，以后再做成布鞋，给高原上的儿子慢慢穿。"

可是，胡永飞的突然牺牲，让婆婆手里原本可以纳出生活希冀的线绳，再次变成了一团乱麻。从那以后，周忠燕再也没有看见婆婆纳过千层底。婆婆经常手里拎着一双新布鞋、一块咸肉，在门前的小路上走来走去，逢人就说："要给儿子送去哩！"

面对这样的情形，周忠燕在内心告诉自己，一定要坚强，不能倒下。凝望着院墙上那张红艳艳的"光荣之家"，她忍着剜心的疼痛，带着婆婆四处求医，回家还要照顾老人的饮食起居。一大家子，老的老小的小，周忠燕成了顶梁柱。她对自己说："现在，我是这个家的一棵大树，在精神上千万不能倒，我一倒，这个家也就塌了，儿子和3位长辈就都完了，我要撑起这个家！"她强打起精神，每年春节时，她都会像刚结婚时那样，顶着寒风，骑着电动车，带上礼品，逐一拜年看望胡家20多户亲戚。

"有我在，家就在！""我一定为你撑起胡家门面，带着一家老小往前走！"每当夜深人静时，周忠燕总会在丈夫的QQ上留言，还会发上几张儿子的最新照片，写上一段儿子的成长故事。虽然她知道，她的留言永远得不到回复。

四

为了能让一家人过上更好的生活，2011年，周忠燕拖着行李箱，走进扬州城择业谋生。她卖过服装，销售过汽车，开过家政服务点，几番闯荡过后，她在城西杨柳青路上租下一间门面房，开了一家洗衣店。她独自到上海、苏州等地，学习洗衣技术，掌握了近30种洗涤液的用途。从此，小小的洗衣店，每天都是她忙碌的身影。

由于每天都是站着干活，而且通常是右手拿电熨斗，日子久了，周忠燕落下了腰痛的毛病，还导致两只胳膊一只粗一只细，肩胛骨一边高一边低，有时酸痛得连筷子都拿不起来，晚上睡觉时只能把胳膊压着，才能减轻些疼痛。她经常扛着一把长长的铝合金梯子，爬上爬下，为客户卸取悬挂在高处的窗帘。只要有生意，能赚到钱，不管有多苦，她都不嫌累。她一边没日没夜地干活，一边还要照料儿子、婆婆。忙碌的她，从来没有在夜里12点钟前睡过觉。她把闹铃设置成军号声，每天早晨天不亮就在闹铃声中起床。如同燕子垒窝一般，周忠燕一点点地经营着这个家，带着一家老小往前奔。虽然才40岁，但她的头上已有不少白发，手上尽是老茧。

周忠燕的坚韧顽强也打动了很多人，来自社会各方的关爱鼓舞着她苦涩的心，给她带来春天般的温暖。慢慢地，周忠燕一家的生活也从一团乱麻中理出了头绪，日子过得也安稳了。得到关爱的周忠燕，传承烈士精神，铭记爱，传递爱。稍微有了空闲的时间，她就加入扬州太阳雨爱心志愿者团队，和大家一起捐助西藏错那县两个乡的小学的贫困学生，并在那里建起了两所"胡永飞爱心书屋"。她还和志愿者一起，悉心照顾扬州周边5位烈士的父母。在为生活奔波的同时，她经常挤出时间，参加志愿者团队的各种社会公益活动。在她的倡导下，志愿者团队还成立了"周忠燕巾帼志愿服务队"，以期成为服务妇女儿童的民间公益联动平台。曾经，生活暗淡无光，周忠燕却把自己活成了一道光，并照亮更多的人。

现在，周忠燕依靠一双勤劳的手，在扬州城里拥有了新房子，带着一家老小住进新房，让婆婆离开了那个伤心的老宅，父母也成了她洗衣店里的好帮手。小博文已经在扬州城里上初中，还成为"江苏好少年"。在周忠燕新家明亮的客厅里，摆放着"全国最美家庭""江苏省道德模范""山南市民族团结模范个人"等奖杯和奖牌，在暖阳的照耀下熠熠生辉。

从记忆中走出来的周忠燕，抱起暗红色木箱，来到门前的空地上。

她把一只只千层底铺摊在门板上，然后，把36只吸饱了阳光的千层底细心包扎好。她要把它们带回扬州市区的新家。这些千层底，是婆婆的念想，也是她的念想。

夜深了。周忠燕坐在新家房间里，轻抚着一只只充满婆婆浓浓母爱的千层底。那一刻，她的思绪又飞到了雪域高原的遥远边关……这天夜里，周忠燕做了一个梦：她的飞哥穿着一身英姿飒爽的军装，脚穿妈妈做的千层底布鞋，迈着矫健的步伐，大步向她走来，走在春意盎然的家乡田野上。

《人民日报》2022年1月17日第20版

"大工匠"是这样炼成的

刘国强

生长在南方，他却独自一人从广西跑到东北立业成家；

同辈人多以农耕为业，他却迷上为故障机器"诊脉"，一次次从蛛丝马迹里精准找到机器的"病因"；

这个当年光着脚丫在大山褶皱里放牛、勉强读完初中的孩子，一路刻苦钻研，成长为一名电气调试专家，获得全国技术能手、全国劳动模范等荣誉。

他叫罗佳全，现为本钢集团机电安装公司的电气调试高级技师。

一

罗城仫佬族自治县东门镇大福村大井屯，夹在广西北部九万大山缝隙间。罗佳全就出生在这里。

罗家4个男孩，罗佳全排行第三。大哥在生产队劳动，二哥在县城读书，弟弟还小，小佳全必须在照看侄女、每周给生产队放一天牛和上学间做出选择。倔强的罗佳全竟然能全部兼顾：嫂子满月上工，他带着侄女上学；赶着几十头牛上山下山，小心看着牛儿别啃到别人家的庄稼……

少年时，一门手艺无意间撞进小佳全的心：当电工的堂哥从大山那边把电线扯过来，家乡从此告别"油灯时代"，家家户户安上了电灯！这件事对小佳全的震动太大，甚至影响他的一生。"要当个了不起的电工"，那一刻就在他心中生根发芽。

1979年11月，征兵的消息传进村。罗佳全偷偷跑到大队报名、体检。很快，一则入伍通知书将喜讯传遍全村。

父亲很支持，他说："好男儿就是要报效国家！"瘦小的母亲一路搭车，在夕阳西下时赶到城里火车站送别。她用衣袖拂去热泪，一把抱紧儿子："妈妈没有什么送给你，对不起我的孩子，到部队上听首长的话，好好干！"

泪别亲人一路北上，罗佳全坐了五天五夜火车来到辽宁本溪。新兵训练，他听不太懂普通话，班长同样说不标准"右和后"，班长喊向右转，罗佳全向后转；喊向后转，罗佳全转向右。罗佳全不服输，央求班长夜里陪他练，一周下来终于"磨合"成功，助全班夺得优胜红旗。训练手枪打靶，罗佳全胳膊吊半块砖头刻苦练习，手腕肿得拿不住筷子，终于拔得头筹，成为出色的神枪手。

1983年夏天，罗佳全所在部队集体转业。面对热门岗位的就业机会，罗佳全不为所动。部队领导不解地问："你到底想干啥？"

"我想学技术。还是有门手艺好。"

部队领导劝了几次，执拗不过，便安排他去本钢工作。罗佳全入职后才知道，电工的精细项目竟然那么多，他索性"挨个学"。为了技术全面，他想去学电气设备调试，电调队队长不同意："学调试至少是高中文化，你是初中文化，不够条件。"主管领导便安排罗佳全去电气设备安装班当班长，罗佳全硬是不去。领导火了："你要不去安装班，就让你打更。"

"那就打更！"罗佳全真就耐下性子，干了大半年打更。领导无可奈何地说："看出来了，你还挺犟。"

"我要学技术，你不让我学。"

"你文化水平不够嘛。"

"谁天生就会？学呗。"

领导被罗佳全的坚持感动了，把他调到了调试班，由岗位能手王忠元带他。罗佳全学得认真，坚持在干中学、学中干，单位的大小活，他抢在先、干在前，不讲条件、不计代价。他参与冷轧厂总开关站的建设，白天跟着老师傅们学习，晚上同事们下班回家，他则从家里卷了铺盖、带了一兜子挂面回到现场，连续20多天吃住在工地，拿着图纸对着电气设备元件逐一研究。师傅王忠元看他这么努力，也不回家，陪着罗佳全吃住在现场，教他电气设备调试本领。

10多年时间里，罗佳全拜了多位师傅为师，学到了不同风格的绝招绝活儿。他至今记得，第一次跟刘瑞平师傅进行外线架线作业，大雪漫天飞舞，冷风像鞭子抽得人睁不开眼。电杆高10多米，阴面已经结了一层薄冰，但罗佳全当时并不知道。快爬到杆顶时，他脚下突然打滑，从杆顶一下滑落到杆底，肚皮上的衣服磨烂了，棉手套也磨开了花，两手掌心磨掉一层皮。罗佳全没打退堂鼓，强忍手掌剧痛，再次爬上杆头作业。这件事震动了师傅，此后师傅对他格外用心，把所有的绝招绝活儿都传授给他。

"集百家所长"，罗佳全逐步成长为大家公认的技术"高手"。

二

2000年，因生产需要，本钢从外国进口了烧结机和主抽风机。外国专家布莱特从遥远的欧洲来到中国东北，负责设备的安装和调试。罗佳全带领全班工人给布莱特"打下手"，工作干得还算顺利。

到了设备安装的时候，罗佳全发现外国产的电缆附件受过潮，上面有不少斑点，就通过翻译告诉布莱特："这个电缆附件受潮霉变了，不能用。"

"不可能！"布莱特一脸不以为然，还强调他们的设备质量"非常好"，不会有任何问题。罗佳全再三跟布莱特强调危险性，但布莱特一个字都听不进去。无奈之下，只能就这样进行调试。

果然如罗佳全所料，随着电压升高，电缆接头"砰"的一声，坏了！

布莱特瞪大惊恐的眼睛，一时束手无策！罗佳全急了，要自己想办法解决。"你解决不了。"布莱特断言，"在中国买不到替代产品。从我国运来材料，重新安装，这是唯一的办法！"

"那可麻烦了！要报关，走审批手续，再绕半个地球运来，这得耽误多久？"工程总指挥冯建民焦急地说。

事实上，它会影响整个工程。这个设备启动不了，高炉也要停，损失太大了！

布莱特摊开双手："没有别的办法，只能这样。"

"我们自己做！"罗佳全的话掷地有声。

"能行吗？"冯建民问。

"能行！"

所有人都将目光对准了罗佳全。有的信任，有的怀疑，有的半信半疑。

晚上9点，罗佳全一头钻进漆黑夜幕，直奔他的工作间。

罗佳全说"能行"，是有底气的。虽然只有初中文化的底子，可他从1983年开始，先后参加了成人高中、辽宁大学自考、本钢技校电工班、计算机班等一系列学习课程，还多次自费到南方的厂家学习电缆接头制作新工艺。有一次，罗佳全得知工厂制作电缆光纤接头需要雇请外人。他觉察到这项技术的重要意义，便立刻行动，在冬季挤出空闲时间，自费去上海学习。学成归来，他一天就为工厂制作光纤接头300多个，节约了大笔费用。这次的项目，他志在必得。

时间过得太快了：5个小时过去，罗佳全刚刚理出思路。

时间过得太慢了：5个小时，仿佛比5个月都漫长，冯建民心急如焚。

第二天早上，布莱特又催促冯建民："不要白白浪费时间了，我们国家做的东西，他罗佳全怎么会做得出来？"

时针指向上午10点。终于，罗佳全用单位的旧件东拼西凑，再加上自己的"高招"，做出了电缆接头。

试验产品的时候，大家紧张得近乎停止了呼吸——再"砰砰砰"怎么办？

紧张的试验完成，冯建民高兴得跳起来："成功了！罗佳全成功了！"

有人仍然怀疑："不一定用得住呢。"

我采访时，这个附件已经用了20多年，仍在用。

小个子罗佳全成为外国专家眼中的"技术巨人"。布莱特真诚地邀请罗佳全上本溪最好的饭店吃饭。尽管罗佳全谢绝了布莱特的宴请，他们的友情却更深厚了。

三

2011年6月18日，本钢建在丹东东港的不锈钢厂正在热火朝天地施工。突然，数千人紧张忙碌着的工地，停电了！

刹那间，所有机电设备停止了运转，工地被迫停工。工地所在区域的普通用电也停了，正常生活受到干扰，点不了灯，洗不上澡。几批电力专家忙碌了两天两夜，还是找不到病根。

天刚亮，罗佳全就被一阵急促的电话铃声惊醒。

那时，罗佳全刚刚完成一桩紧急抢修，天快亮才回来。电话里，电调队队长仲聪林说："佳全，知道你太累了，可集团领导点名让你去一趟东港，那里都停工两天两夜了。"

罗佳全赶紧去班里交代一下工作，带上工具，匆忙驾车200多公里奔赴东港。

工地的检修人员介绍情况，判定故障点可能在靠近供电区域的地方。他们反复查找，怎么也找不到具体位置。

罗佳全根据自己多年的经验，决定从电缆的另一端入手。他叫上搭档，带上脉冲检测仪，向前方一指："我俩到那里查一下。"

在此之前，抢修人员已经仔细查看了千余米电缆。罗佳全手指的地方，他们已查过多次。

二人开车前行。罗佳全说："我们现在往前走，我让你停车你就停车。"车子进入不锈钢厂厂区内，罗佳全突然示意停车："大概在这个地方。"

"不可能在这儿，我们都找完了。"现场的同志异口同声地说。

罗佳全委婉而礼貌地说："你们连续干了好几天，太累了。我刚来，我干一会儿吧。"

罗佳全的身后，数千人的工地此时一片寂静，他眼前的一片芦苇荡却绿浪翻涌。罗佳全将目光锁定在那片苇叶荡漾的地方，对搭档说："请指挥部调个抓钩机来，带斗的。"

两个人坐进抓钩机，轰隆隆开进芦苇荡。罗佳全从容指挥抓钩机钩头伸进芦苇荡边的水沟里，向下挖。

人越聚越多，他们都是几天来昼夜查找电缆故障的电力专家和技师。这个摇头，那个叹息。有人甚至背过身去，要"另寻出路"……

在场的所有人，只有罗佳全一个人"固执己见"。

抓钩机斗牙向下，插进泥土。挖一下，没有。再挖一下，还没有。也不知挖了多少下，抓钩机斗再次抬起时，罗佳全兴奋起来，指着沟底道："找到了！"

人们惊奇地盯着抓钩机刚刚挖过的地方。众人注目处，受伤缆线豁然呈现！

"老罗太厉害了！"

"神啦！"

人们欢呼起来，赞不绝口，把罗佳全团团围住。

工地上的领导竖起大拇指，赞扬罗佳全："急难险重冲得上去，关键时刻能解决大问题！"

四

俗话说："教会徒弟，饿死师傅。"罗佳全对此不屑一顾。

仲聪林告诉我："罗佳全给年轻人传授技术，真的是毫无保留。新来的大学生问什么，他都会认真教。咱们单位一线的职工，几乎个个都被他传授过技术，他带出的徒弟个个出类拔萃。现在他的徒弟，不少已经到领导岗位和技术管理岗位挑大梁了。"

"苗子再好，没有5年以上时间，也培养不出一个好的调试工。"罗佳全的徒弟李天会深有感触："师傅手把手教我，边干边讲解，然后才指导我上手干。一有空闲时间，师傅就结合现场实际，耐心细致地给我讲解电气调试的每一个细节。"如今，罗佳全的徒弟李天会、焦春华已经能够独当一面。许多徒弟都在技能上有了质的飞跃，成为电气调试能手。

罗佳全自己也从未停下学习的脚步。他把工资省下一大块用来买书，把居室腾出一大半用来摞书。有一次，他带领徒弟去沈阳学习，出发前腰椎间盘突出的毛病犯了。他从家里碗柜拆下一块木板，垫在身下继续开车前往。听课时疼痛难忍，他几乎站着把5天的课程学完。徒弟李天会眼含泪水对师弟们说："师傅快要退休了，还这样拼命学习，我们有什么理由不好好学呢？"

罗佳全创造了奇迹——他以初中文化的单薄底子，被破格评为高级技师，获得全国五一劳动奖章、全国技术能手、全国劳动模范等荣誉，成为技能专家、领军人才。

今天的成就背后，罗佳全下了多少功夫，外人很难想象。他的左手小手指，因为常年以相同的姿势拧螺丝，已经落下病根，平时也只能弯着。

如今，罗佳全在行业里已有所成，却一直不忘初心，心系本钢，心系祖国。

单位派他去外国调试援建项目，他在那里遇到一名商人。商人见罗佳全人好、技术精，开出10倍薪酬让他留下，罗佳全果断拒绝。国外一家炼钢厂开出的薪水高得令人咋舌，罗佳全仍不为所动。挖他的人踏破门槛，罗佳全一一答复："我哪也不去，我要永远扎根在本钢、扎根在中国。"

2020年11月24日，在全国劳动模范和先进工作者表彰大会上，罗佳全现场聆听习近平总书记的讲话，激动得热泪盈眶。2021年，他又摘得"中华技能大奖"。

今天的罗佳全，虽然接近退休年龄，依然白天一头扎进工作现场，直到夜幕降临；或者，披星戴月起程，在夜色里迎来又一个充满期待的黎明……

《人民日报》2022年1月22日第8版

"要当个好工人，工作干到最好"

宋明珠

暴雪后，整个城市淹没在一片白色中。天地之间，寂静无声。

6万多台抽油机还在一刻不停地运转。

大庆油田第二采油厂的办公室里，有一个人望着草木灰颜色的天空微微皱起了眉头。

换工装，巡井。飞溅的雪粒跳起来，挂在眉毛上、帽檐上……

"这么冷的天，换10分钟盘根，人也得冻透了。要是能再研究出来一个加热装置就好了。"

这个说起话来细声细气的人叫刘丽，是黑龙江大庆油田第二采油厂第六作业区采油48队的采油工班长。

一

1993年，19岁的刘丽以全校第一名的成绩从技校毕业，到大庆油田第二采油厂的老标杆——采油48队工作。

回到家，父亲把刘丽叫到身边，郑重地说："从今天开始，你就是48队的一个兵了。兵，就要有兵的样子。在关键时刻敢冲上去！"

刚到48队的时候，刘丽站在师傅身后，仰头望着熟悉又陌生的抽油机，小腿发颤。抽油机有近10米高，她恐高。可是，父亲说了，关键时刻要能冲上去。作为实习生的刘丽自己扛起一根30公斤重的皮带，准备更换。师傅瞪大了眼睛，说："可以呀，小丫头，自己就能把皮带拖起来？来，我看着你换。"刘丽也不含糊，按照规程更换好皮带。

"哎哟，你们看，这么沉的皮带咱们男同志换都费劲，人家这姑娘自己就把皮带换了！不愧是刘文生的闺女，上阵父子兵，我看这孩子行！"师傅兴奋地喊道。

师傅说的刘文生，就是刘丽的父亲——一名参加过抗美援朝战争的老兵，转业到大庆油田，在一线当过采油工，在第二采油厂当过指导员，还荣获过"黑龙江省劳动模范"称号。

在同事们的称赞声中，刘丽跟着师傅更换盘根、皮带。刘丽的工作越来越熟练，手上的老茧越磨越厚，肩上的水泡消了又长。

虽然生在大庆，但是参加工作的第一个冬天，刘丽还是见识了油田冬天陌生的一面。雪已经下了一天一夜。空旷的野外，天色越来越沉。刘丽一个人走在巡井的路上，突然脚下踩空，掉进了一个雪坑。

刘丽刚想喊救命。这才想到，这是野外，除了肆意飘洒的雪花、不远处抽油机的身影和她自己，一个人也没有。

刘丽想哭。但是，作为一名石油工人，遇到这样的情况再寻常不过。再说，在零下30多摄氏度的天气里，眼泪很快会冻在睫毛上，她告诉自己不能哭。刘丽咬着牙，爬出雪坑，完成了巡井任务。回到班组时，她袖子和裤管里的雪，都融成了水，淌了一地。

夏天，出于防火安全考虑，井场周围要求寸草不生，刘丽拿起从没拿过的锄头锄草，满手磨得都是水泡。初冬，一口机井地下管线渗漏，管线埋得很深，漏点难以确定，刘丽就跳进全是水的深沟里，一点点寻找渗漏部位。泥水飞溅到工作服上，衣服湿一层冻一层，很快变成了又厚又硬的铠甲……

师傅看她肯吃苦，直夸："这个闺女，真不错！"后来，师傅尤其注意培养、历练她。

工作刚一年，在师傅的鼓励下，刘丽就参加了第二采油厂技术大赛，一举获得十项全能项目的亚军，并获得了"技术能手"的称号。

做采油工的第四个年头，23岁的刘丽凭借过硬的技术素质，赢得了代表黑龙江省参加全国青年岗位能手技能运动会的机会。

参加这么高层次的比赛，刘丽的心里既紧张又兴奋，她憋足了劲儿。两个多月的训练，她每天只睡三四个小时，有时实在太累了，就在寝室走廊的地毯上躺一会儿。

一天，师傅黑着脸对刘丽说："小刘，厂里来了通知，咱们这次比赛又增加了几个新项目。"当师傅说出新增项目名字的时候，刘丽心里"咯噔"了一下。

这个项目按说不难，但问题是刘丽是左撇子，比赛通用的工具是右手弯剪刀。刘丽心里打起了鼓。

第二天，刘丽按时出现在训练场上。她开始反复练习右手力量，手上的血泡磨破了，血痂结了一层又一层，却仍然坚持训练。

终于迎来了正式比赛。在理论比赛中刘丽成绩优异，但是因为缺少大赛经验，她在操作比赛管路安装项目中出现了失误。最终刘丽以全国第三名的成绩，被评为"技术能手"。她是那次比赛中最年轻的选手。

回到家，刘丽把奖品——一块手表送给父亲。"爸，我没拿冠军。"说着，刘丽的眼泪忍不住掉了下来。

"掉皮掉肉不掉队，流血流汗不流泪！"父亲严肃地教导她，"虽然不是第一，但是我们可以总结经验，在以后的工作中决不能失误。你要认识到，这次获奖是荣誉也是考验。以后，你要用更高的标准、更严的要求对待工作。要当个好工人，工作干到最好，技术练到最精。"

这块手表，父亲戴了15年，直到去世。父亲的话，刘丽一直记在心里。

二

几年后，刘丽已经是集团公司一名年轻的技能专家了。

大庆西一路南段的一处平房小院里，刘丽独自坐在成立不久的工作室中，盯着眼前的笔记本，眉头紧皱。

门开了，是刘丽的丈夫。"忙什么呢？不下班，电话也不接。"丈夫问。

"最近反映井口漏油的太多了。"

"那就是抽油机光杆腐蚀了，盘根坏了。"

"我不是想这个。盘根坏了，咱们就得换，换一次盘根得四五十分钟。别的不说，就我负责的50多口井，要是全换一遍，你算算得多长时间？"刘丽一边说着，一边锁上了工作室的门。"螺丝刀直的，盘根盒铁的，缝儿就那么宽。螺丝刀伸进去根本没有用武之地。特别是冬天，零下30多摄氏度，橡胶密封圈冻脆了，一抠就碎。一干1个多小时，人都冻透了。而且，长时间停机影响产量啊！"

刘丽的丈夫听了，轻轻敲了敲门上"刘丽工作室"的牌匾，说道："那你得想招儿解决啊！"

"想了。我们用细铁丝做成小钩子，还是不行。你想想那个缝儿10多厘米宽，一根小铁丝进去，肉眼根本看不准。弄不好，把密封圈杵得更碎了。"

上车后，疲倦的刘丽很快就睡着了。

20多分钟车程，到家了。丈夫拍了拍刘丽的肩膀。

刘丽猛地睁开眼睛，兴奋地对丈夫说："你说有没有不一样的密封圈？走，到五金店去看看。"

"等等……"丈夫拦住了刘丽，"橡胶都是一样的，这招儿肯定不行。"

一连几天，刘丽都沉浸在对盘根盒的琢磨中，可是一直没有结果。

直到有一天，刘丽打开口红，转动口红底部时，口红的膏体就慢慢转出来了。她突然想到，如果安装一个装置，让盘根能转出来，不就解决问题了？

带着这个设想，刘丽回到工作室，和同事们一起，研究出一个可调节式盘根盒，通过改变盘根盒的结构来使密封圈旋转出来。

新的盘根盒，被刘丽首先安装在自己负责的井上实验。

开始的几天，的确不漏油了，刘丽开心极了。可是没过几天，衬套和外壳连接处又出现漏油问题。

刘丽十分着急。"我就说得找一个合适的密封圈。"她对丈夫说。

"成品生产的工艺都是一样的。你要想找不一样的东西，就得专门定制。"

丈夫的这句话提醒了刘丽。为了找到合适的材料，刘丽几乎跑遍了大庆所有的五金店。终于，她找到一种尼龙棒，刘丽自己加工制作，彻底解决了漏油问题。

这项创新发明让更换盘根这项工作，从过去用时40多分钟缩短为10分钟，盘根使用寿命也从原来的1个月延长到6个月，还使得每口井日节电11千瓦时。这项发明获得国家专利。

后来，这项发明又历经五次改进，获得公司一线创新成果一等奖。

三

生产遇到的难题就是攻关的课题。刘丽没有停下创新的脚步。

2017年的一个雨夜，雷声隆隆。这个夏天，雷声不止一次惊醒了刘丽。

"都停机好几次了。"醒来后的刘丽自言自语道。这一年，抽油机因为电路问题，多次发生停机现象。采油队的夜巡工人少，巡查面积大，无法及时发现停机问题，处理故障有时要延误几个小时，因此严重影响了产量。

这天，刘丽工作室专门就这个问题，开了个会。

有人想到做一种高亮度指示灯，把指示灯装在抽油机游梁尾部，通过指示灯的闪动，让夜巡工人在远处就能判断出抽油机的运行状态。

"这个办法好！"刘丽说，"可是你们想过没有，电从哪来？"

"从抽油机借电呗！"

"肯定不行，得自带电源。"

办法有了，可在形成方案的时候，电源选择的问题成了大家争论的焦点。

刘丽认为，如果能利用抽油机配电箱内的电源是最合适的。但是不论是安装，还是后期维护与管理，难度都比较大。

刘丽和技师团队最终利用太阳能电极板做电源，采用超低温蓄电池和LED高亮度灯，设计出一款抗低温的抽油机运行状态指示灯。这样，夜巡工人在500米以内都可以判断出抽油机是否在运行。

这项成果应用后广受好评。大家备受鼓舞，又针对电泵井和螺杆泵井的结构设计出另外两种指示灯。这三种指示灯统称为机采井运行状态指示装置。通过这一次的合作，刘丽更加明白：只有整个团队强大了，才能真正助力油田发展。

在刘丽的带动下，员工创新的热情越来越高。2019年，工作室团队又成功研发了一项创新装置——螺杆泵井下防倒流装置。这一装置用于油井生产，可以有效减少设备运行风险，降低工人操作风险。

今天的刘丽已成为当年父亲一样优秀的石油工人，站上了父辈的岗位，带领着更多年轻人继续完成为祖国献石油的使命。

一代代薪火相传，变的是环境，不变的是石油人的初衷。"我们解决了生产上的小问题，就能撬动油田开发层面的大问题。接着我们还能向更高级别的难题挑战，一直到我们的研究成果达到行业领先水平。"致力解决难题、服务油田生产，刘丽和她的团队一直在路上。至今，刘丽工作室团队已经研发出2000多个创新产品，被应用到生产一线，攻克大小难题200多个。"要当个好工人，工作干到最好，技术练到最精。"她一直用父亲的话激励自己。

《人民日报》2022年1月24日第20版

冰上人生

……… 郝迎灿 ………

无论寒冬还是酷暑，东北小城七台河都会在凌晨4点钟准时醒来。此刻，短道速滑训练馆里，灯火通明。年轻的教练李国锋手握秒表，正带着一群孩子练习滑冰。"冲出亚洲，走向世界"，是孩子们喊得最响的口号。

就在刚刚结束的北京冬奥会上，从七台河走出去的范可新摘得一金一铜。在赛后的媒体见面会上，她这样说："短道速滑是一种传承，我们都是七台河人，我希望以后有更多七台河的孩子，能接上我的这一棒。"

顺着范可新口中的"这一棒"往前回溯，人们会发现一位基层教练员的身影。他，就是孟庆余。

一

躬身下蹲，一脚冰刀横切冰面，一脚刀尖点冰。"砰"一声发令枪响，孟庆余如利箭离弦，向前激射而出——1500米，冠军！ 3000米，冠军！ 5000米，冠军！ 在1972年1月举办的黑龙江合江地区冰上运动会上，来自七台河的矿工孟庆余一人包揽男子速度滑冰3块金牌。

看台上，时任七台河市体工队主任徐继春惊得张大了嘴。此前，七台河从未在地区体育比赛上冒过尖。也正是由于这次"冒尖"，时年21岁的孟庆余人生轨迹因此改写，从此与冰面结下一生之缘。

1951年，孟庆余出生于哈尔滨一个工人家庭。年岁稍长，他便到街边帮人拉板车。时日一长，不仅攒够了学费，还练就了一副壮实身板。上中学后，由于力量好、爆发力强，孟庆余被推荐到业余体校练习滑冰。从那时起，他的心里就悄然埋下了一颗种子——要站上最高领奖台。然而，世事难料，体校停办。最后一堂课结束后，教练递给他一双冰刀鞋："今后自己好好练，到哪里都别放弃滑冰。"1969年，孟庆余作为知识青年奔赴七台河，成为一名煤矿工人。行李中最贵重的，就是那双冰刀鞋。

在七台河，挖煤占据了孟庆余不少时间。可一到冬天，拨动这个年轻人心弦的，仍然是滑冰。先是在倭肯河上滑野冰，接着又瞄准了矿务局第三中学的冰场。可学校有规定，不许外人上冰。再三央求无果，孟庆余提出每天凌晨4点过来帮忙浇冰场，这才争取到上冰的机会。

3年后，孟庆余在合江地区冰上运动会一战成名。激动不已的徐继春要把他调进市体委担任滑冰教练，从零开始组建一支滑冰队伍。孟庆余却有些犹豫："我滑得好好的，为啥要当教练？"可转念又想到，自己毕竟不是职业运动员，过了系统受训的最佳时间，如果能带出一批孩子来，说不定以后真能站上全国甚至世界的领奖台。思量良久，孟庆余点头答应。

那时候，孟庆余和韩平云恋爱了。韩平云的父亲是矿领导，让人带话给孟庆余："滑冰教练不就是带小孩'打出溜滑'，能有啥出息？转行学个电工、钳工才是正经营生。"孟庆余没吱声。几次上门，老人仍在唠叨这事儿。有一回急了，孟庆余红着脸说："我还是想当教练。"坚持到最后，心疼女儿的老人不得不做出让步。1978年，孟庆余和韩平云结婚了。

<h2 style="text-align:center">二</h2>

组建速滑队，从零开始，谈何容易。

招生倒没遇到多大阻碍。矿工的孩子皮实，走遍当地小学，孟庆余顺利挑出20多个10来岁的孩子。奥运冠军杨扬的启蒙教练董延海，就是孟庆余的第一批队员。他常常感叹现在的孩子赶上了好时候。如今，七台河已建成两块设施完善的室内冰场，制冰车浇出的冰面平整光滑，孩子们穿着专业的冰鞋和训练服在上面尽情驰骋。当年却不是这样。队伍初创，好多东西都缺。最初的训练场地是在倭肯河上，把雪一推就是天然冰面，可冰面不平，常有缝隙。孟庆余又把目光瞄向郊外封冻的"水泡子"，每天凌晨4点准时上冰。黑咕隆咚，孟庆余扯着嗓子示范技术动作。董延海至今记得，当年有一次他摸黑走来，发现前面亮起了一团昏黄的灯光，"走近了一看，一根木杆挑着灯泡，灯下站着孟教练。"那一刻，"心里别提有多温暖和踏实。"

几经辗转，速滑队终于在七台河体育场扎下根。看台下的几间房子，就成了孟庆余和孩子们的办公室和宿舍。房子四处漏风，他们就自己动手烧炉子、盘火炕。最苦的，是浇冰场。为了保持冰面平滑，寒冬腊月，孟庆余每天都要半夜2点起床，拖着爬犁到水房门口，把爬犁上的大铁桶灌满水。然后拉着爬犁进场，拧开开关，铁桶下面的铁管上一排小孔便流出水来。气温太低，铁管容易上冻，得拿火烤或者用开水烫。一场冰浇下来2个多小时，经常是皮手套都湿透，手冻得又红又肿，水和冰碴儿溅到身上，像是裹上了一层厚厚的"冰铠甲"。

七台河之前没有室内冰场，一年的冰上训练时间只有3个多月，大大拉长了孩子们的成材期。孟庆余把目光转向哈尔滨，成立重点班，开春后到省体委的室内冰上基地进行训练。由于经费不足，孟庆余就在基地附近找了一个10多平方米的地下车库，做成一个阁楼，他和孩子们就睡在阁楼里。

进了训练馆大门，孟庆余一改平日对孩子们的严苛面孔，见人点头哈腰，只为延长上冰时间。他特意选了最早和最晚两场冰，这样能够提前上冰、晚点下冰。有一次下冰回来，队员赵小兵一下子摔倒在地上，半天没起来。孟庆余赶忙跑过去一把揽住，赵小兵睡眼惺忪地说："教练，我太困了。"

三

1985年全国第一届少儿速度滑冰锦标赛上，13岁的张杰包揽女子组5枚金牌，16岁的许成录获男子组1500米冠军，成绩进入前6名的七台河孩子有10多个，这一战果震惊全场。回到七台河，大家纷纷对这个"带孩子打出溜滑"的教练伸出大拇指，"老孟，真有你的！"

有一回，一堂训练课下来，队员们早已大汗淋漓、气喘吁吁。孟庆余却在一旁黑着脸："蹬冰节奏不对，再加10圈！"虽然不情愿，队员们还是支撑着加滑了10圈。"还是不对，再加20圈！"孟庆余继续吼道。

"脚底下踩严了。"这是孟庆余训练中常喊的一句话。在他看来，身体机能是基础，运动技巧是关键。为了练体能，孟庆余经常骑车带孩子们长途拉练，最长的一条路线，绕一圈长达千余公里。

时至今日，走进七台河短道速滑冠军馆一层，首先闯进视野的就是一面由上千双冰刀鞋组成的墙面。这些都是小队员们用旧的、已无法再使用的冰刀鞋，刀刃已经被磨平。像这样的冰刀鞋，当地有数十万双。这些老旧的冰刀鞋，默默见证着队员们在冰面挥洒的每一滴汗水。

1988年，李琰在加拿大卡尔加里冬奥会上夺得短道速滑女子1000米表演赛金牌。孟庆余敏锐注意到了这个新生项目的强大魅力，遂向市领导建议专攻短道速滑。

一石激起千层浪："咱们在速度滑冰上才刚刚开始冒尖，说不干就不干了？"人们议论纷纷。但孟庆余已然深思熟虑，坚定地把目光瞄向了国际大赛的舞台。"短道速滑是一个新生项目，大家都处于同一起跑线，只要肯下苦功夫，就能在世界上出成绩。"他甚至不惜放下"狠话"："要让我干这个教练，就得改短道！"

事实证明了孟庆余的前瞻性——1991年，张杰和队友在世界大学生冬季运动会上夺冠，成为七台河首位世界冠军；1995年，杨扬获得世锦赛金牌；2002年，杨扬获得美国盐湖城冬奥会冠军，这是中国在冬奥会上的首金；2006年，王濛在意大利都灵冬奥会上夺冠……

所有的辛苦终将值得，所有的眼泪终会化为幸福的微笑。杨扬夺冠当天，平时滴酒不沾的孟庆余大醉了一场，嘴里一直喊着"冠军""冠军"……

四

孟庆余对队员们训练严格甚至是严苛，但严苛的背后，是他对滑冰事业和孩子们无私的奉献和真诚的爱。

队里的孩子大多出身矿工和农村家庭，身上承载着家庭的希望。孟庆余经常对人念叨："这些苗子不一定都能成材，但好苗子一定不能毁在我手里。"

赵小兵16岁时参加合江地区运动会获得百米短跑比赛亚军，被孟庆余一眼相中。可16岁才开始学速滑，起步着实太晚，孟庆余就每天给她加练。谁知过了一阵，赵小兵突然提出来不练了。孟庆余知道她家里经济困难，主动对她说："回去跟你爸妈说，你的训练费用队里全包了。"可没几天，赵小兵又说不练了，"从家里到冰场要走20多里路，还没等上冰腿就没劲了。""这好办，新买的自行车送你了！"孟庆余说。后来，索性让赵小兵搬到家里来住，她住卧室，自己和爱人、孩子睡客厅。

范可新小时候家里靠修鞋为生，买不起一双专业的冰刀鞋。孟庆余自掏腰包花了2500元给她买了一双冰刀鞋。这笔钱赶得上范可新当时一年的生活费。

当孟庆余对队里的孩子们全心付出时，难免冷落了家人。妻子韩平云带孩子住在老城采煤沉陷区，吃的水、烧的煤全靠她柔弱的肩膀来挑。孟庆余带队员去哈尔滨训练，一年里有10个月见不到人，家里的事就由韩平云一个人承担。最揪心的一次，孟庆余因临时有事赶往哈尔滨，没想到这期间妻儿突然遭遇煤气中毒，昏迷不醒。赶回七台河后，这个铁打的硬汉再也撑不住，扑在病床上痛哭："平云，东子，我回来了，你们快睁睁眼睛……"

2006年8月2日，在从七台河赶往哈尔滨的路上，孟庆余因车祸不幸离世，年仅55岁。3天后的葬礼上，七台河上千人自发赶来为他送行……

后来，在七台河市体育中心旁边，人们建了一座庆余公园。公园里，一组滑冰造型的雕塑引人注目：脚踏冰刀，弯着身子，望向冰场，那坚毅的目光，仿佛具有穿越时空的力量。

五

孟庆余身后，后继者们未曾停下步伐，秒表依旧嘀嗒作响，至今已传承至第四代教练。

第二代教练的代表马庆忠，正是他最早发现了王濛，把她招至麾下。经过马庆忠和孟庆余悉心培养，王濛顺利进入省体校、国家队，最终站上了冬奥会的领奖台。孟庆余去世后，马庆忠接过重点班教鞭，目送着一个个弟子走上荣耀顶峰……

第三代教练的代表张杰，2014年组建了七台河特奥短道速滑队，带领残障少年与冰雪结缘。困难是可以想见的，张杰就从生活技能开始教起，逐步过渡到滑冰训练。经过一年多的训练，孩子们的进步令人刮目相看。2017年，张杰带领小队员在第十一届世界冬季特奥会上，一举斩获4金2银！ 2019年，又在第十五届世界夏季特奥会速度轮滑项目中，获得3金2银2铜的好成绩！ "金牌不重要，只要孩子们收获快乐就好。"张杰时常回想起当年跟随孟庆余训练的点点滴滴，那是一段艰苦却快乐的时光。

第四代教练的代表李国锋，今年只有26岁，跟随孟庆余走过了他生命中最后的两年时光。那时，正是成绩上升的黄金期，李国锋却因疾病被宣判运动生涯的完结。他毅然回到七台河转型做了教练。曾经，李国锋最大的梦想是参加冬奥会拿金牌，如今他找到了新的目标——把速滑技术传授给更多孩子，成就自己的学生。

秒表嘀嗒作响，传承的火光永不熄灭。

赵小兵刚开始跟随孟庆余训练的时候，曾这样问他："教练，我们每天这么辛苦地训练为个啥呢？""冲出亚洲，走向世界。"孟庆余认真地说。"你别想骗我，滑冰根本参加不了奥运会。"那时候，对矿工的孩子而言，奥运会太过遥远，省城哈尔滨就是能够到达的最远地方。而如今，10位冬奥会和世界冠军、177枚世界级金牌，已经让这些孩子的梦想照进了现实，也向世人展示了这座小城的光荣与自豪。

不知道从什么时候开始，从七台河走出去的冠军们再回来时，总会和小师弟小师妹一起滑冰。他们会故意落后一点，那一刻，少年们觉得冠军并非遥不可及……

《人民日报》2022年3月30日第20版

把沙漠染绿

兰天智

一排排笔直的白杨直耸蓝天，像忠诚的卫士，守护着阡陌纵横的万亩良田。

谁能想到，这里曾是绵延起伏、寸草不生的一片沙海？谁又能想到，这是一个人用一生努力筑起的一道绿色屏障？

这个人叫付志周。

新疆巴音郭楞蒙古自治州和静县哈尔莫敦镇哈尔莫敦村，夹在天山中段南麓的一个褶皱里。付志周的家就在这里。

初春时节，我们驱车来到付志周栽种的白杨林。路的两边，是钻天的白杨树，胸径在20厘米以上。抬头望，树梢偏向同一个方向。下车钻进林带内，79岁的付志周步伐轻盈而迅速，他摸摸这棵，又拍拍那棵，仿佛在和孩子们交谈，满脸都是喜悦。

付志周说："人一辈子要干很多事，而我就干了一件事——种树。"种树，已成了他生命的一部分。

一

1965年10月，还不到20岁的付志周，听说到新疆支边的消息后，积极报了名。新疆，遥远而神秘，让付志周充满了向往。10月底，他怀揣美好的憧憬，从河南老家出发了。几经周折，他们一行人来到新疆大河沿。之后，有的人去了北疆，他则转乘篷布车，又经过几天颠簸，来到和静县先行公社（今哈尔莫敦镇）落了脚。

眼前的一切，比想象中荒凉得多——白茫茫的戈壁滩上，只有几排孤零零的房子。其中，就有他的一间。一间房、一口锅、一把坎土曼（一种铁制农具，可锄地、挖土），是他的全部家当。

他所在的村庄，正对着黑山口。一到春天，从黑山口吹来的风会扬起漫天的黄沙。风大时，飞沙走石，人根本无法行走。几个月内，半数都是这样的天气。

1982年，付志周家分到了47亩地。尽管这些地分布在沙漠边沿，付志周还是感到很满足。春播时，他激情满怀地把小麦种子播进了地里。

嫩苗长出来了，绿油油的，像是在地里铺上一层绿色的毯子。看着一天天长高的麦苗，付志周满心欢喜。然而，一场突如其来的大风，吹掉了他全部的希望。大风不仅刮死了麦苗，飞来的沙子还淹没了土地。付志周欲哭无泪。

有村民说："沙进人退，地没了，人就得离开这里。过不了多少年，整个村庄都会被沙子吃掉。"

付志周听了，心头一颤：再不能让沙子前进了。土地是农民的命根子，要保住土地，防住沙子，就要栽树！从那一刻起，付志周下定决心，在沙漠里种树。

那时，没有先进的设备，唯有毛驴车和坎土曼。付志周和妻子陈爱兰从麦田边的沙包着手。他们先把麦田边的沙子拉走，然后平整土地、挖坑、栽树……皮肤晒黑了，嘴唇开裂了，手心里磨起的血泡，破了又好，好了又破，把坎土曼的把手都染成了红色。

苦心人，天不负。慢慢地，麦田边的白杨树长起来了，麦田里的风沙变小了，麦苗不再受侵害了。可是，付志周不满足。他想，仅仅在自家麦田边种树还不够，黄沙最终还是会漫过来的，必须大面积栽树，组成森林屏障，才能彻底摆脱风沙的侵扰。

在哪里种树最有效果呢？"打蛇打七寸，防风堵风口。"这么想着，他跟妻子来到距家六七公里的风口处。这里人迹罕至，放眼一望，全是绵延起伏的大沙包。

这里如何浇水，树苗能成活吗？

那段时间，付志周满脑子都想着这些问题。有一天，回家途中，他看到路旁躺着一些废弃的酒瓶子，脑子里突然冒出一个念头。

"树苗能不能栽活，先要试一试。"春天，他在酒瓶子里装满水，把切成段的树枝插进瓶子内，用黄泥土把瓶子口封住，然后把树枝连同瓶子"种"进了沙包里。一个，两个，三个……在不同位置，埋进了近500个试验瓶。

一段时间后，他欣喜地发现，这些"种"进沙包里的树枝，无一例外吐出了新芽儿。没过多久，新芽长成了片片嫩叶。在白茫茫的沙海中，这些嫩叶格外翠绿，格外鲜艳。

正是这些绿色，让付志周燃起了希望。夫妻俩套着毛驴车，带上坎土曼，来到沙漠里种树。车轮陷在沙子中，毛驴拉不动，于是他把毛驴卖了，买回一头牛。从此，一头牛，两个人，天天出现在浩瀚的沙漠里。

日复一日，年复一年。日出而作，日落而息。3年后，第一头牛也拉不动了，就再换一头牛。10多年里，换了5头牛。靠着牛车和坎土曼，夫妻俩削平沙包，边开荒，边植树，造出了100多亩林地。

二

2003年，当地政府制定了防风治沙的一系列优惠政策，拉电、打井可以贷款，还免收水费。付志周听到这个消息后，把全家人召集在一起，开了一次家庭会议，准备大规模开荒种树，防风治沙。

他把想法一说，陈爱兰第一个反对："沙窝窝里的苦，你还没有吃够吗？别人刮风下雨往家里跑，我们呢？却往沙窝窝里跑……再这样下去，你的身体怎么受得了？"

"年轻栽树，老了有福。我这身体，还硬朗着呢！"他把植树造林的好处说了一大堆。儿子、女儿理解他，表示全力支持：除了生活费以外，剩余的钱都投入植树造林中来。

付志周又贷了些款，购买了推土机、拖拉机，开始大规模开荒植树。

机器的轰鸣声，唤醒了沉睡多年的戈壁荒漠。先是那些大大小小的沙包，一个个被夷为平地。接下来，拉电、打井、挖沟、栽树……沙漠里慢慢变了模样。

2006年，付志周信心满满，购买了近8万棵白杨树苗，在村民们的帮助下，大面积栽种在沙地上。

令他没想到的是，这一次投入的10多万元，全部打了水漂——大风吹走了沙子，把树苗连根"刨"了出来。

"睁着眼睛把钱扔进沙窝里……"家人埋怨他，付志周给他们做工作："别人干不成的事，我们要把它干成，越是失败，越是要干。"付志周有股不服输的"狠劲"。

光有不服输的干劲还不行，付志周静下心来分析失败的原因：买来的树苗水土不服，越是长得高的树苗，在沙漠里越是立不住"脚"。泥土固定不住，风一来就吹走了。于是，他对症下药，在新开垦的沙地上盖上一层黄土，浇了水，让泥土"安分"下来。

他一边试种，一边摸索，一边总结，心里渐渐有了底。第二年植树时节，他又请了村民，浩浩荡荡，栽种了比第一年更多的树苗。大家都为他捏一把汗，付志周却不着急。果不其然，这一次栽种的树苗，成活率高达85%以上。

看着这些树苗渐渐染绿了沙漠，妻子陈爱兰也有了干劲，一头扎进沙窝窝里，育苗、挖沟、铺管、栽树、浇水……年复一年，劲头不减。"她看到那些树，就跟见到孩子们一样高兴"，付志周说。可惜，白杨树一年年长大，陈爱兰却患上了沙尘病，早早离开了这个世界。

三

老伴走了，付志周很伤心，但植树造林仍在继续。

林带在沙漠中齐刷刷地挺立起来，呵护着庄稼茁壮成长，地里的产量连年提高。

村民李成亮见证了这一过程。他从2004年起，就给付志周开推土机，也是付志周种树治沙的亲历者。

"当时风沙特别大，坐在推土机的驾驶室内，眼睛都睁不开，干一天活儿，人从里到外都是沙子。"李成亮说，刮大风时，要跑到地窝子避风，而地窝子内也呛得厉害。

在付志周的影响下，2011年，李成亮也栽种了40多亩白杨树。

"防风治沙、绿化家园，不是他一个人的事，是大家的事。看着他那么大年龄了还在干，我们能不干吗？"村民居麦洪·巴斯提也栽了20亩地的白杨树。

"栽种20亩白杨树能赚多少钱？"我问居麦洪·巴斯提。

"栽树不赚钱，栽树的目的是防风治沙，是为了保护农田。土地没有了，我们的根就没有了。"

居麦洪·巴斯提还告诉我，原来风沙大，庄稼一旦被毁掉，补种也来不及，这一年就要绝收，一些人干脆把地撂荒了。"现在不同了，这里的土地可金贵了，我的20多亩地以每亩1530元承包给了别人，还有比这价格更高的。"居麦洪·巴斯提显得有些自豪。

"真是寸土寸金，承包费这么高，包地的人能赚钱吗？"我问。

"现在不受风沙欺负了，种啥都产量高，这几年种的色素辣椒，一亩地可以收六七千元，能不赚钱吗？"居麦洪·巴斯提反问道。

村子里，越来越多的人想要开荒植树。付志周把推土机无偿借给种树的村民使用。他说："只要是植树，我就全力支持。"

慢慢地，一道36公里的绿色屏障，横亘在了茫茫沙原上。

四

在父亲的影响下，付志周的小儿子付温平辞去了工作，搞起了创新发明。他先后研发出了色素辣椒收获机、尾棉机、朝天椒收获机、栽苗机等多种生产设备。他发明的"双螺旋变量对辊式辣椒采摘装置""侧向升翻式辣椒收获机料斗装置"等8项技术，获得国家知识产权局实用新型专利证书。

付志周的孙子付庭瑞，从小就跟着爷爷栽树。当初不明白爷爷为什么如此执着地植树，上了大学后，他想明白了，爷爷不图名，不图利，干的是一件大事情。付庭瑞表示，要接力把防风治沙、绿化祖国的工作干下去。

在哈尔莫敦镇，在和静县，甚至在巴音郭楞蒙古自治州，越来越多的人知道了付志周。这些年，他荣获了绿色长城奖章、新疆维吾尔自治区绿化奖章，还被评为第七届新疆维吾尔自治区道德模范。

付志周把植树造林融入了生命，他说："生命不息，种树不止！"他还说，自己有一个梦想，要在有生之年，在沙漠上植树100万棵。"现在已经种了80万棵，还有20万棵，如果种不完，就让儿子、孙子接着种，一定要把沙漠染绿……"

《人民日报》2022年4月13日第20版

那片金灿灿的大豆田

陈 晔

一

腊月，年关将至的时候，张孟臣离开位于石家庄的家，坐飞机前往海南。

张孟臣的老伴早已习惯他与众不同的行程：别人过年往家奔，他却要去南繁——海南三亚试验田的大豆要熟了，他得过去收获。老伴默默帮他收拾衣物，他自己则把要吃的药装好。收拾停当，他带着行李，走出家门。街上的红灯笼洋溢着温暖的光。他给在上海的女儿打了电话："爸爸要去南繁了。"女儿在电话里柔声叮嘱："爸爸，一路平安。"

对一般人来说，"南繁"这个词有些陌生。为了大地的丰收，为了人民的温饱，每到冬季我国北方地区都有大批作物育种科研工作者到南方去，利用那里温暖的气候，开展作物种子繁育、制种、加代、鉴定等科研活动，科研工作者称之为"南繁"。

而对于张孟臣的家人来说，南繁是一个熟悉的词，连老家的老母亲都晓得。每次临走前，张孟臣都要打电话告诉老家的弟弟："过年回不去了，告诉咱娘，我去收豆子了。"

66岁了，还要南繁。对于担负粮食作物种子培育重任的农研人来说，南繁就像生活的一部分。张孟臣相信，农研人只有贴近土地这个"第一现场"，才能精准掌握数据和信息。这是对工作的负责。

大豆专家张孟臣有两个重要头衔：农业农村部黄淮海大豆生物学与遗传育种重点实验室主任、国家现代农业大豆产业技术体系顾问。他在大豆科研、生产领域耕耘了40多年，从青春到华发，育成大豆品种20多个，获得20多项科技成果奖，荣获全国五一劳动奖章、"全国优秀科技工作者"荣誉称号……成果和荣誉背后，是他年复一年奔波在南繁路上的身影：千家万户团圆时，大豆成熟，他得和大豆"团圆"。

一路向南，一路减衣服。到了海南，进试验站，放下东西，吃了药，换上防晒的长袖，戴上草帽，张孟臣迫不及待地拄上拐，进田里转一圈，像多年不见的亲人一样摸摸田里的豆荚，估摸着大豆的收成。远远近近的椰子树，多少年都立在这里，也仿佛像熟人一样和张孟臣打着招呼："老朋友，您又来啦！"

二

农作物育种，需要数个世代才能稳定，再加上数代后续试验才能培育成品种。许多作物在北方一年只能种植一代，育种工作者们为了缩短育种年限，只有利用冬春季节到南方种植一到两代，加速粮食种子的"加代"和稳定。"民以食为天"，优良品种，高产优质，仓中有粮，心里不慌，这便是南繁的要义所在。

张孟臣负责的是大豆。

大豆又称黄豆，古代叫菽，起源于中国，至今已有数千年历史，在作物中地位重要。然而过去几十年里，国产大豆不能完全满足国内需求，还需从国外大量进口。优良的国产大豆品种，正是张孟臣年复一年，在南繁中孜孜以求的。

张孟臣的南繁之路，从1982年大学毕业就开始了。他生在河北衡水湖畔的农村，从小在衡水湖边长大。祖父是革命烈士，家中兄弟姊妹7个，他是大哥。因为家中壮劳力少，日子过得很紧巴。他至今记得，当年奶奶牙不好，过年就想吃顿豆腐，家里却没有黄豆，无法满足心愿。他父亲认准没有文化不行，省吃俭用供他上学。他是恢复高考后的第一届大学生，考入河北农业大学，从此立下农研报国的志向。

中国人喜欢吃豆类食品。在外读书那些年，张孟臣每次过年回家，看到村里人辛苦一年，普通人家也只有过年才能做一次豆腐，心里很不好受。他问乡亲们，说是没有好种子。奶奶对他说："臣啊，你上了大学，好好研究，这么好的地，怎么就打不出豆子？"张孟臣年轻气盛："奶奶，我一定能培育出好豆种。"

话说出去了，实现却很难。大豆有个"怪脾气"：再好的种子，换个地方，产量就容易变少。产量上去了，蛋白质和油分又容易降低。

要培育出高产优质且适应性好的大豆种子，磨的是大豆的"脾气"，耗的是研究者的心血。

大学毕业后，张孟臣被分配到河北省农林科学院研究粮食作物，主研大豆。说是研究人员，但在外人看来，更像是穿白大褂的农民——从种到收，天天待在地里，守着种子发芽生长。张孟臣的爱人说他："你对大豆比对我和孩子还亲！"他跟爱人解释："农业研究数据一旦不准确，损失的不单单是种子，还有农民的信心。中国的大豆历史悠久，还要花外汇去进口，我得给咱中国人争口气！"

他虽然有很多职务和头衔，但他自认"第一身份"是农民。拿镰刀割豆子，年轻人都不如他麻利。他带领科研人员扎进田间地头，反复选种试验，有时几天几夜睡不了一个囫囵觉。每年"跟着大豆走"，夏在河北，冬、春在海南。育成的20多个大豆品种，个个都是他心血的结晶。

三

张孟臣清晰记得，第一次南繁，他26岁。

1982年，四个满怀"农业报国"使命感的年轻人告别父母和老师，来到海南三亚。

种地、除草、施肥；收获、脱粒、晾晒。下雨后，地里灌水，还要为苗排水，用水桶一桶一桶把水提出去。张孟臣深知，多保住一株豆苗，大豆新品种就多一丝希望。从种到收，他像照顾婴儿一样处处小心。

从地里回来，几个年轻人烟熏火燎地起灶，做自己的一日三餐。烧的柴也要自己捡，台风过后，地上有风刮落的树枝，他们开着手扶拖拉机，走一路捡一路。海南多雨，得多备干柴，不然阴雨天就要断炊。放晴的日子里，紫外线又格外强，他们经常顶着太阳忙碌，一个个晒得黝黑。

没有电视，没有报纸，与家里的联系就是家书。母亲不识字，张孟臣就写信给弟弟，让他给母亲念信。过年回不去，自家责任田的活没法帮着干，他在海南心怀愧疚。父亲告诉小儿子："给你哥写信，告诉他不用惦记家里。他干的是大事，这点儿地咱们就种了。让他早点把'争气豆'弄出来！"

20世纪90年代，张孟臣育成"冀豆7号"，成功带动河北大豆单产大幅提升，他因此获得国家科技进步奖；

21世纪初，张孟臣培育的高油大豆"冀黄13号"含油量超过进口大豆，成为我国与国外高油大豆抗衡的优势品种；

他还育成高产广适应的"冀豆12号"等高蛋白系列品种；参与完成的《中国农作物种质资源收集保存评价与利用》项目再获国家科技进步奖……

成绩，喜人！但多年奔波，尤其是经常熬夜，也使他的健康状况亮起红灯。2010年，他被检查出双侧股骨头坏死。大夫让他少走路，但他不去田里不放心，就挂着拐下田。到田里，不能弯腰，就用拐拨动豆荚，察看生长情况。2016年，他又被确诊患有肿瘤。即便如此，他也没离开心爱的大豆和农田。

几十年的南繁，他为中国大豆的"高产""高蛋白""脱腥""富油"殚精竭虑。其中"脱腥"一项，给企业省了脱腥工序的大笔费用，味道上更胜以往。一位老人曾对他说："张老师，你的无腥味大豆，生吃就像花生一样！"为配合国家精准扶贫的政策，他又几次"北上"，去张家口和承德的坝上，为那里培育适合当地水土的大豆种子，助力当地农民增收致富……

张孟臣喜欢在晚上工作。夜里安静，也是他工作效率最高的时候。有时忙到凌晨，他就在办公室和衣休息，天亮了再开车回家。他迄今带过26名研究生和博士后，和他们奋斗在农研一线，将自己所知在实践中倾囊相授——张孟臣比一般人更懂得种子的伟力。在他眼里，学生，就是未来的"种子"。

四

南繁之路，并非总是一帆风顺。

张孟臣还记得，2020年的南繁，大豆成熟却缺乏收割的人手。一场大风大雨，就可能让辛苦培育出的大豆毁于一旦，当年的南繁也将功亏一篑！

张孟臣的心紧紧地揪了起来。"光杆司令！"他在地头喃喃自语。

为了抢收，64岁的他在大年初一抄起了镰刀，大豆田里多了一个孤单但执拗的身影。嫌拐杖碍事，他把拐杖扔在一旁。腰腿疼痛，难忍也要忍，汗水很快爬遍他的全身。

他的身影打动了两个福建过来搞科研的学生："张老师，我们帮您做吧，您尽管吩咐，我们什么都能干！"于是，大豆田里的身影变成了"一老两少"。3个人每天白天在田里挂牌、调查、收割、脱粒，晚上做研究记录。入夜，张孟臣躺在床上，腰腿疼得睡不着觉。但天一亮，看到待收割的大豆，他又顾不得别的了。

时令不等人，越来越多的大豆进入成熟期，他和两个学生实在收不过来，整个试验站的人便一起下田帮忙。他们中最年长的68岁，最小的20岁。正月的海南，白天气温已经很高。一次，张孟臣在大豆田里蹲久了，眼前一黑晕倒在地。缓了一会儿，他悠悠转醒，默默爬了起来，谁也没告诉——他不想再给大家添麻烦。

科研人员之间的友情令他感动，家中的亲情更让他牵肠挂肚。科研辛苦，他和家人聚少离多。父亲去世前，他还在单位准备种子。弟弟打来电话："大哥，今天你得回来。"

"明天行吗？就半天，我忙完这些。"

"就得今天，咱爹……"

一时找不到车，他急得像热锅上的炒豆。刚好，有一辆来拉种子的车顺路，他搭车回老家，赶上了送父亲最后一程。

他是长子，要镇静地为家里拿主意。但到了夜里，却怎么也睡不着，就前前后后地想，想过去，想将来。他想着父亲让他种的"争气豆"，想着多年来付出的汗水和心血，也想到了海南那一片片大豆田。他想，自己一定不能辜负父亲的期望……

五

海南。又是一年南繁时。

自从有了试验站，南繁的条件比20世纪80年代好多了。这次初到海南，张孟臣有点不舒服，去医院拿了几服中药。大夫听说他是南繁的大豆专家，说："幸会啊，我们吃的豆制品喝的豆奶粉都是你们的功劳！咱中国人就得有自己的好大豆！"

除夕，张孟臣与试验站20多个人一起过。大豆、花生、绿豆、玉米几个所里的专家、技术人员，还有几个大学的研究生都在这里。这些远离家乡的人在一起包饺子，一边包一边谈论着田里的话题，房间里洋溢着"话桑麻"的农家气息。

大年初一，张孟臣给家人打电话拜年。91岁的老母亲，听力不行，说话也都用喊的。她对儿子喊："我挺好！不用惦记！"张孟臣知道，电话里他说的话，母亲未必听清了。但母子连心，老母亲知道儿子想说什么，她要让儿子放心南繁。张孟臣的眼睛一下子湿润了。

"我有两个母亲，一个是祖国，一个是91岁的老母亲。我这个岁数，还能叫上一声'娘'，很幸福！"

他南繁，为的正是"母亲"的微笑。

拜完年，张孟臣就到田里收割早熟的豆子。双腿病痛仍在，他的步伐缓慢，却坚定。下蹲，挥镰，捆绑，每一个细节都一丝不苟。同事们说："你在这里，我们很踏实！"

转眼，就到了3月。张孟臣从试验站里望出去，4亩大豆刚刚收割，脱粒后正在晾晒。他走在收割过的大豆田里，看到一个遗落的豆荚，弯腰捡起，紧攥在掌心，像握着一块金子。在他眼里，每一粒种子都是无价之宝。

提到这一年的南繁，张孟臣有如孩子般兴奋："4块地30多亩大豆，都收完了！"今年南繁新春有喜——他和同事采用轮回选择育种育成的高蛋白大豆品种，蛋白质含量再次超过攻关指标。

又一个优质的大豆品种！这是他和同事们带给祖国母亲的最好礼物！

《人民日报》2022年4月6日第20版

辛勤耕耘稻麦香

沈小玲

春风拂过，一夜之间，翠色没过了钱塘。麦田一望无际，麦株苍翠欲滴。头戴斗笠的施秋琴站在田埂边，手上拿着无人机的操作盘。跟前的无人机稳稳地起飞，到三四米高度时，悬空停了一下。施秋琴手指一按，无人机便往左移了一点，再一按，无人机旋转挥出了肥料。肥料像雨点一样四处散落，匀称地撒在麦田里。不过几分钟工夫，1亩麦地的施肥就完成了。

"我教儿子开拖拉机，儿子教我开小飞机。"61岁的施秋琴笑吟吟地说。

一

2009年，施秋琴随政府组织的参观团到国外学习。在一个农场里，他们观看全自动化插秧：1台插秧机开过去，8株秧苗便整整齐齐地插到田里，往返几次，一大片水田就插完了。施秋琴看得眼睛都舍不得眨，1台插秧机、1个人，竟可抵20多人一天的劳作。

以前，做农活太苦，年轻人不愿意干。农忙时，施秋琴承包的梨园常常找不到干活的人，她每每为人工费大增而焦心。经过几天学习，施秋琴就琢磨：如果农民不愿意种粮，国家的粮食从哪里来？如果机械化种粮，是否可以提高农民种粮的积极性？

施秋琴打算种粮。

回国后的当天夜里，施秋琴跟家人说，她准备将已承包的部分土地做出调整——种粮；对将要承包的土地做出全新定位——还是种粮。

听了施秋琴的计划，她的丈夫皱着眉不说话。她的儿子不明所以，只是好奇机械从哪里来。母亲看着她斑白的两鬓，轻声说道："琴啊，几个姊妹就你最辛苦，头发白得这般早，妈心疼啊。"

施秋琴早年不容易。

她开过店，养过水产，跑过出租车，做过农家乐，什么苦都吃过。2001年，施秋琴在钱塘江边临江第一农垦场承包了400亩梨园。

在种梨的8年间，施秋琴一家吃住在梨园，生活极其不便。其中酸苦，只有家人最清楚。

钱塘江围垦出来的土地，是流沙泥盐碱地，没有多少肥力，乏力得很，种什么作物都欠火候，梨树只肯结鸡蛋大小的果子。梨子的价格最高只有2角钱1斤，亏得一塌糊涂。

为了改善梨种，施秋琴给所有梨树高位嫁接了四五个品种。快要成熟时，梨压枝头低，但一场台风把所有枝条全打落了。眼泪尚未抹干，施秋琴就去收拾满地狼藉，把枝条嫁接重新做了一遍，还做起了循环农业。树下放鸡，河里养鱼，鸡粪肥地，淤泥养梨。3年后，等来了丰收。梨子销路极好，10多元1斤还被抢购一空。

3月，梨树枝条向上舒展，错织成网，梨花如云落枝梢，风一吹，落英漫天飞舞。城里人慕名而来，赏花游园吃农家菜。

好不容易过上了好日子，现在却要去做亏本买卖，家里人实在想不通。谈到深夜，没一个结果。家里人知道拦是拦不住了，施秋琴想做的，她一定会去做。

夜深了，万籁俱寂。施秋琴倒水，洗脸，热气腾腾的毛巾抚慰了她一天的疲惫。她抬头盯着镜子，凝神思索。过了半晌，她忽地直起了身，喃喃自语：

"我，一定会种出好粮！"

二

施秋琴开始大面积种植水稻。

买机械太贵，施秋琴就租来拖拉机作业。她与工人们一起平整土地，高地弄低，低洼填高，土层厚度不够的，再改造达到标准。在小河边架上抽水机，白天进水，晚上排水，水一泡，有些害虫就被消灭了。用有机肥，用鸡粪、鱼塘里的淤泥和秸秆肥田。

第一年，照行内人说法，那块地还是"生田"，长不出多少粮食。施秋琴心里有数，她的估产很低，并不期待田里能有多少收成，但收割后称稻谷时，她还是很紧张。

"650斤。""750斤。""810斤。""850斤。"称重的人在报数。数字越来越高，施秋琴的心跳也越来越快。计算器噼啪作响，那人对她说："大姐啊，你的地，平均亩产800斤。"

施秋琴简直不敢相信自己的耳朵。

有800斤打底，施秋琴信心十足，她把第二年的目标定在1000斤。施秋琴买来一台国产拖拉机。她开过出租车，车技好，稍微熟悉一下拖拉机的操作，即可熟练地开着那个大家伙去犁地。生活有了盼头，施秋琴觉得自己每天浑身是劲，一天松七八十亩地都不觉得累。

金黄的稻田，低垂的稻穗，饱满的稻谷，早稻丰收在即。施秋琴一家高兴极了。他们盘算着，等稻谷收获后，再购置一些器械，再多承包一些地，再多种一些粮食。

但说到底，农民还要靠天吃饭。

7月，一场超强台风的到来，吹走了施秋琴的增产梦。稻田里，稻秆东倒西歪，匍匐在地。施秋琴忐忑不安地扒开稻秆，只见稻谷撒了一地又一地。

谷子掉到松软泥地里是捡不起来的呀。

这个愁啊！

倒在地上的稻秆差不多作废了，收割机无处使力，稻谷产量直接下降三五成。烂在田里的稻谷让人心疼，家人说什么都不让施秋琴继续种粮，劝她把粮田转给别人，回去种梨，过安稳的小日子。但施秋琴铁了心要去"折腾"。她说，自然灾害不可能年年有，哪里倒下就在哪里爬起来。

处理完早稻，施秋琴就忙起了晚稻，她咬咬牙贷款买了进口的拖拉机。所幸，接下来的日子风调雨顺。11月，晚稻收成很好，每亩产量如愿超过了1000斤。

第三年，施秋琴提前做好种早稻的准备。但怪得很，稻田里虫子特别多，有些虫特别耐药，农药喷几次都不济事。尤其可怕的是，田里长出来的谷粒是空的。这个症状似乎会传染，干瘪谷粒越来越多。

施秋琴慌了，赶紧请稻谷专家上门指导。专家告诉他们，虫灾是连续种稻引起的。早一年是暖冬，有些害虫没冻死，来年复苏便出来祸害早稻了，如果换种其他作物则无大碍。可惜明白得太晚，半年的付出打了水漂。

"种田，不勤快不行，不懂科学更不行。"这是施秋琴从惨痛经历中得出的教训。自此，她努力攻读各种农书，学习作物种植，掌握了土地轮作技术，用休耕保持土地肥力。

轮作休耕后，种稻的第四年，每亩产量增至1400斤。

种粮，施秋琴悟出不少道理。

"要买最好的种子，好种子才会长出好谷子。"施秋琴抚着手里的良种说。好种子就是粮食的芯片，种子不好，土地整得再肥沃，花再多气力，都白搭。

买好种后，发芽便是头等大事。施秋琴每个步骤都不敢马虎，更不敢省略：种子浸泡47小时；在发芽机里放15小时；统一播撒在育秧盘上，一盘一盘码好，叠到苗场上；等上一周，再把苗移到田里；1个月后，插秧正式开始。

施秋琴承包的土地越来越多，直至今天的6000多亩；种粮食的面积也越来越大，直至今天总承包地的九成。

"日日是好日子哩。"看着年年攀升的粮食产量，施秋琴的心像自家种的梨一样，那个甜呀！

三

施秋琴不仅自己种粮，还带动周围人一起机械化科学种粮。

老陈就是被施秋琴带进门的。

老陈住在隔壁村，他种了不少苗木、花卉和蔬菜。前几年，老陈看施秋琴种粮磕磕绊绊的，还劝她回去种梨，"我种大葱，1亩地至少有四五千元。可你种粮呢？没赚多少，还苦得慌。"

这几年，看施秋琴机械化种粮种得风生水起，老陈很是心动，但苦于没有机械，不敢种粮。

施秋琴看出了老陈的心事，跟他说："你放心，跟着我种，保证你一粒稻谷子进去，一捧稻谷子出来。"

老陈把买来的稻种交给施秋琴，施秋琴育好秧苗，把插秧机开到老陈的田里插了秧。几个月后，机器又开进老陈的地里，割了稻。运稻谷，烘稻谷，卖稻谷。老陈轻轻松松，存折上的数字却在升高。

除了老陈，同村的老吴也是施秋琴带着种粮的。

老吴尝到了机械化种粮的甜头，见人就夸施秋琴有眼光有魄力，了不得。

施秋琴的种粮"朋友圈"不断扩大，带动几十户人家种粮。光今年，她就带动农民种粮1万亩，几年累计几万亩。

原来文化水平不高、曾经对种粮不在行的施秋琴，经过十几年努力，掌握了多种作物种植技艺、多种农机操作技能，成了远近闻名的农技、农机专家，并获得全国三八红旗手、全国农村妇女"双学双比"女能手、全国农村科技致富女能手、全国农机使用一线"土专家"等荣誉。

稻田边、小麦旁、大豆侧，来观摩学习的农民、专家、学生络绎不绝。"土专家"施秋琴站在田间，侃侃而谈。谈起种粮心得，她绝不藏私，慷慨以授。

附近学校的老师会定期带学生来学农，进行劳动教育。跟大人们相比，小朋友特别爱问施秋琴"十万个为什么"，眼里满是好奇。

"什么是数字化种田呀？""为什么谷子不用晒，在烘干机里待一会儿就好了呢？""12台烘干机烘干了180吨粮食？我不信哦。""这台播种机真的是自动开的？真酷炫，等我长大，我也要操作！"

或许，施秋琴把兴农的种子种进他们心间了。

2021年秋天，作为浙江省杭州市重要粮仓的钱塘区，在广袤的稻田边举办首届稻香节。稻香里说共富，施秋琴等12位种粮大户因为科技强农、机械强农被表彰，他们种的田成为"千亩粮仓"示范区。

晚稻收割后，施秋琴种上了小麦。如今，一眼望不到边的麦田，麦花扑簌落下，结出尖尖的麦穗。春日暖阳里，开无人机的施秋琴，真飒！

《人民日报》2022年5月7日第8版

"愿将一生献宏谋"

李朝全

2019年新中国成立70周年前夕，著名核物理学家于敏被授予"共和国勋章"。就在被授予勋章前几个月的1月16日，于敏溘然长逝，享年93岁。

于敏的科研生涯，始于著名物理学家钱三强任所长的中国科学院近代物理研究所。20世纪60年代初，钱三强找到已在原子核理论研究领域钻研多年的于敏谈话，安排他参与氢弹理论探索的任务。从那时起，于敏便转入了绝密的国家科研工作，开始了隐姓埋名的28年奋斗生涯。

1967年6月，我国第一颗氢弹空投爆炸试验成功。从第一颗原子弹爆炸到第一颗氢弹爆炸，美国用了7年多，中国仅仅用了2年8个月。

此后，在一系列尖端的国防科技研究中，于敏发挥了重要作用。20世纪80年代以来，于敏率领团队攻克了一个个技术难关，实现了一项项重要突破，为我国国防力量的壮大做出了突出贡献。

回望于敏93年的人生，在科研工作之外，便是与家人的相处。从于敏与家人相处的点点滴滴中，我们似乎可以读懂些什么……

一

新中国成立初期。当时已是一名小有成绩的青年科学工作者的于敏，由于整日埋头科研，一直没有机会谈恋爱。转眼间就过了而立之年，家人都很操心他的终身大事。

于敏的姐姐于愫在天津工作。在其托管孩子的保育院里，有位端庄秀丽的姑娘让她眼前一亮。那是孩子的保育员老师，名叫孙玉芹。

在姐姐的安排下，于敏和孙玉芹见了一面。双方的感觉都很好，从此便确立了恋爱关系。一年后，他们走进了婚姻的殿堂。

1958年冬天，孙玉芹调入北京，进入于敏所在单位从事行政工作。

婚后，孙玉芹操持起了全部家务，无微不至地照顾着丈夫。于敏则一如既往地全身心投入科研工作中。

孙玉芹知道，丈夫从事的是很重要的科学研究。但是，她从不过问他的具体工作，只是默默地担负起了家里大大小小的事情。她明白，创造一个温馨舒适的家庭环境，让于敏不必为家务分心，就是对丈夫工作最大的支持。平时在家，也是孙玉芹一个人忙前忙后，于敏安安静静地工作。

几年后，家里先后添了一女一儿。

那些年，于敏一家包括老母亲在内的5口人，住在一套两居室的房子里。房间里除了一张书桌外就是床，十分拥挤，人来回走动都有点困难。晚上，于敏回到家，女儿要用书桌做作业，于敏只好把桌子让给女儿，自己趴在床上去推导方程或者做计算。

孙玉芹心疼丈夫，担心他劳累过度。于是，有时到了周末，她就硬拉着于敏，带着孩子一起去逛公园，想让他稍稍休息一下。但于敏总是沉浸在对问题的思考里，常常和妻儿不合拍。后来，再去逛公园的时候，于敏就干脆自个儿找个安静的亭子，独自坐在那里看书。

有一次，孙玉芹好不容易说服丈夫陪自己一起去逛百货大楼。到了百货大楼门口，于敏却不愿意进去，说自己坐在门口等她。然而，等孙玉芹买好东西出来时，却找不见于敏，她只好一个人先回家。到家后，还是没看到于敏，孙玉芹就到所里办公室去寻找，也找不见。

人到哪儿去了呢？孙玉芹有点生气，又有点担心。

一直等到天完全黑了，于敏才姗姗而归。

孙玉芹问他："你去哪儿了呢？我都找你半天了，找遍了单位和家里，也没找到你。"

于敏这才回答说："我突然想到了一个问题，便找了个安静的地方去琢磨。没想到天黑得这么快。"

孙玉芹又心疼，又无奈。

还有一次，于敏看见妻子实在太忙，感到很内疚，于是主动提出，要帮忙洗衣服，就是用盆往洗衣机里加水。

一盆、两盆、三盆……他不停地往洗衣机里加水。"加了这么多盆水，怎么洗衣缸里的水还没加够呢？也没见水涨上来啊？"于敏心里好生奇怪。

妻子也觉得纳闷，走过来仔细查看。这才发现，洗衣机的排水阀门还开着，于敏完全忘掉了要先关上排水阀门，加进去的水全都流走了。

眼前的场景，让孙玉芹真是又好气又好笑……

两人就这样携手走过了一辈子。

年逾古稀后，于敏开始有更多的时间待在家里，陪伴妻子。

2012年8月的一天，81岁的孙玉芹突然心脏病发作。孩子们赶紧送母亲去医院。于敏颤颤巍巍地跟在后面，目送着他们离去。

当天，孙玉芹就去世了。

这，对于于敏来说，无疑是一个沉重的打击。这么多年来，他早已习惯了妻子陪伴在身边。从那时起，他似乎变得更加沉默寡言了，人一下子苍老了许多。

对于妻子，于敏经常说："我觉得我对不起她。我总是有许多愧疚。"

二

于敏一生都忙于科研工作，对子女的照料常常不够，关心和培育也不够。

在女儿于元和儿子于辛的成长过程中，于敏几乎很少有时间陪伴。因此，孩子们对他的印象是一个永远在忙碌的背影。

但是，妈妈却一直叮嘱他们："爸爸在忙工作，不要去打扰他。"孩子们从小都很懂事，尽量不去影响爸爸的工作。

于敏转入研究氢弹之时，已经有了女儿。每当同事来家里讨论工作，为了保密需要，于敏就让妻子带着女儿到外面去转悠。这样的习惯，以致孩子长到很大的时候，仍然一见生人就会躲起来。

于元上学后，父亲一有同事来访，于元就得带着弟弟离开房间。

有一次，小于元站在门口，偷听爸爸和叔叔们的谈话，听到爸爸时不时说到一个字"肉"。

孙玉芹看见了，赶紧把孩子拉开："大人谈事情，小孩子不要偷听！"

没承想，于元却很开心。她兴奋地告诉妈妈："妈妈，爸爸说'肉'，我们有肉吃了！"那时候生活很艰苦，对于普通百姓来说平时吃肉不多，因此孩子对"肉"这个字眼很敏感。

到了吃饭的时候，于元却发现桌上并没有肉。于是就问爸爸："爸爸，您不是在说'肉'嘛，为什么我们没有肉吃呢？"

于敏愣了一下，随即反应了过来，孩子说的一定是希腊字母 ρ。

他笑了，告诉孩子："我说的不是吃的肉，而是一个希腊字母。它表示的是物体的密度。体积相同的前提下，密度越大的物体越重。"

"我明白了！越重的物体，它的'肉'当然就越重。"于元天真无邪地说。于敏和孙玉芹都被逗乐了。

由于和父亲在一起的时间特别少，因此几乎每一次，于辛都记得特别清楚。他最难忘的是有一回，读小学时，全家人一道去颐和园游玩。那天，一家人沿着昆明湖畔的彩绘长廊缓缓地往前走。看到长廊的梁栋上画满了图画，于元和于辛姐弟俩都很好奇。于敏仔细打量这些彩绘，一幅幅地给孩子们讲解：这幅画讲的是"苏武牧羊"的故事，那幅画讲的是"三顾茅庐"的故事，还有"岳母刺字"……

时隔多年，于辛回想起来那一天的经历，仍历历在目。那时候的他多么希望，父亲能够有更多的时间陪伴自己啊！

在于辛的记忆中，父亲经常出差，有时一出差就是两三个月。在家里也多半都关在房间里，和叔叔们探讨科研的问题。他知道，父亲很有学问。

有一次，上物理课，老师讲到电路图这一章节。那时，对于复杂电路里的串联和并联究竟是怎么回事，于辛一直都弄不懂。回到家，正好父亲有时间，他就向父亲请教。

于敏便在一张白纸上画了一幅图，给于辛讲解起来。父亲这样一讲，于辛一下子就明白了。从那以后，他对电路图、接电线、动手做物理实验产生了浓厚的兴趣。

后来，老师教大家自己动手制作收音机。于辛对此特别感兴趣。父亲给他买来了磁铁、线圈、电容器，然后指导他如何将这些器件组装起来，如何通过调节电容调出声音来。于辛自己动手，制作了一台能够收听广播的收音机，心里很得意。

直至今日，回忆起这些点点滴滴，于辛感到，父亲确实很有本事，也很爱他和姐姐，只是父亲的工作实在是太忙，因此不能抽出更多的时间陪伴他们。

母亲去世后，为了照顾好父亲的生活，于辛一家搬了过去，和父亲住在了一起。

那时，于敏的卧室里，用的依旧是20世纪80年代的简易铁床、油漆剥落严重的老式写字台和书柜，还有一台老旧的电视机。于敏生命中最后的时光，就是在这个无比简朴的房间里度过的。

书柜里，有几本于敏亲自整理的手稿，那是为学生做学习研究参考用的。每一页上，每一个字，一笔一画都写得工工整整。客厅里，一直悬挂着一幅书法——"淡泊以明志，宁静以致远"。

每天，于敏都按时早起。先打一打太极拳，做一做健身操。吃过早饭，看一些科技资料、电视新闻。接着看看书，写写材料。午饭后，要小睡一会儿。然后起来看看报纸和专业书籍。剩下的时间大都花在看资料、跟踪国际最新科技进展上。同时，他依旧保持着对史书、古典文学和京剧的热爱，会看《三国演义》《资治通鉴》《史记》《红楼梦》等书籍，有时间还会听听京剧。

三

于确是于敏的堂弟，比于敏小26岁。虽然兄弟俩年龄悬殊，却始终保持着手足深情。

新中国成立后，在天津老家，于敏的父亲和叔叔两家9口人一直吃住在一起。可是，由于两家老人年纪大了，没有正式工作，家里孩子尚小，所以基本上没有经济来源。

1951年，于敏到中国科学院近代物理研究所工作后，每月15日都会给天津的家人汇款。

刚开始工作时，于敏的工资并不高。等到1956年晋升为副研究员后，工资才高了一些，一个月180元。除了自己小家的日常开销外，剩下的钱几乎全都寄回天津。孙玉芹贤惠明理，对此毫无怨言。每次汇款，都是孙玉芹去邮局办理。

有一次，已经过了每月预定的时间，汇款单还没寄来。又过了一周，汇款单才寄到。后来，家里人才知道，那一次，于敏的工资丢了，只得想办法把钱凑足了，才给家里汇过来。

这些汇回老家的款项，既是给老人的赡养费，也有全家人的生活费。于确和弟弟妹妹的学杂费，都是用哥哥寄来的钱付的。

1960年，于敏的父亲去世后，他还继续给老家寄钱。一直到1978年，于确的父亲去世，在于确家人的再三坚持下，于敏和孙玉芹才停止了汇款。

在于确的记忆里，他只在春节期间偶尔见到过于敏。那时，年幼的于确特别盼着过年，因为堂哥于敏回家过年时，总会给他们带来许多好吃、好玩的东西。

平日里，于敏则会给家人写信。据于确统计，家里断断续续收到了于敏200多封家书。后来，这些家书都被家人珍藏在了一个专门的箱子里。

每一次收到于敏的书信，于确便会和家人一同凑在父亲身边，听父亲念信。于敏的信里从不谈工作，全部是关心老人身体健康、孩子学习教育和健康成长的内容，鼓励弟弟妹妹好好学习。

于确说："哥哥谦虚谨慎的性格，对我们这些弟弟妹妹影响非常大。我们都以他为榜样，心怀真诚、善良，努力做一个对社会有用的人。"

以前，于确只知道哥哥从事的是需要保密的工作，但哥哥究竟具体做什么工作，他一直都不清楚。直到1986年，他在电视上突然看到了于敏的名字，才知道原来哥哥做的事情这么重要！

新中国成立50周年前夕，于敏作为为研制"两弹一星"做出突出贡献的科技专家被表彰并被授予"两弹一星功勋奖章"。于确得知这个消息后，内心无比激动，倍感自豪。他按捺不住激动的心情，拨通了于敏家的电话，却哽咽得说不出话来。电话那头，于敏反而很平和。他说，自己为国家做点儿事是应该的。

还有一回，于确在报纸上看到关于于敏的报道，便给于敏写信，大意是想和那位记者联系一下，聊聊哥哥孝敬老人的事。然而，于敏却回信说，国家弘扬的是"两弹一星"精神，不要宣传自家私事。

2006年，于确到北京探望于敏。提到叔父时，于敏流泪了。这是于确平生第一次看到哥哥落泪。于敏愧疚地对于确说："真对不起叔父，没能在他弥留之际见上一面。"

随着年纪渐长，于敏的身体状况也成了于确心中的牵挂。2018年底，于敏入选"改革先锋"。于确得知哥哥身体不好，住进了医院，非常担心。"他为了国家强盛，兢兢业业，是为国家尽了忠；27年汇款赡养老人，是尽了孝。哥哥是这世上忠孝两全的人！"于确这样评价堂兄于敏。

在被授予"两弹一星功勋奖章"之后，73岁的于敏曾写了一首七言《抒怀》，总结了自己沉默而又壮丽的一生。其中有这样的诗句："身为一叶无轻重""愿将一生献宏谋"！

这，正是这位杰出科学家，对祖国、对人民的真情告白！

《人民日报》2022年7月6日第20版

为了让菌草造福世界

钟兆云

2021年11月19日上午，第三次"一带一路"建设座谈会上，习近平总书记忆起20多年前一件往事。

在福建工作期间，习近平同志接待了来访的巴布亚新几内亚东高地省省长拉法纳玛。"我向他介绍了菌草技术，这位省长一听很感兴趣。我就派《山海情》里的那个林占熺去了。"

《山海情》剧中名为凌一农的农技专家，原型就是林占熺。那次会见之后，很快，林占熺远赴南太，由此书写了"小小一株草，情接万里长"的佳话。这背后，有他个人的辛勤汗水，也有家人的全力支持与默默付出……

一

2021年春节，国家菌草工程技术研究中心首席科学家、福建农林大学教授、"世界菌草之父"林占熺收到一封北京小学生的来信。信中写道："您发明的菌草让全世界很多人摆脱了贫困，走向幸福……2018年占森爷爷带我参观了斐济菌草项目，让我记忆犹新。我要努力学习，长大以后成为像您一样的科学家！"

信中的占森，乃林占熺的五弟，已年过六旬，春节期间还在斐济看守菌草基地。78岁的林占熺亲笔给小朋友回信之后，忍不住拨通了五弟的越洋视频。一声"想家吗"刚出口，兄弟二人竟无语凝噎。

连林占熺都没想到，五弟自1998年跟随自己远赴巴布亚新几内亚（以下简称"巴新"）开展菌草技术援外，在太平洋岛国和非洲一连驻守了24个年头，建起3个海外菌草示范基地，中间只回来过了3个春节。

这一切，要从六弟占华殉职说起。

20世纪80年代，林占熺从事"以草代木"栽培食用菌的科研攻关，发明出菌草技术。他谢绝国外重金买断专利，坚定地将技术用于扶贫。六弟占华研究生毕业后，甘做长兄的左膀右臂，却不幸在扶贫一线遭遇事故去世。

那些天，撕心裂肺的悲痛，加上菌草技术推广中遇到的种种艰难，让林占熺的心情甚于寒冬枯草、白雪覆霜。深明大义的妻子，搬出他当年留在笔记本上的心语，为他提振精神："需要为共产主义理想而献身的时候，我们每一个人都应该做到面不改色心不跳！"那是他1966年大学期间入党第二天写下的铮铮誓言。这信念早就深入骨髓，岂能在入党这么多年后退步！

父亲白发人送黑发人，哭得好伤心，却也反过来安慰林占熺："如果不是共产党领导老百姓取得了一个又一个的胜利，哪有我们的今天，你六弟算是为国捐躯……"

出师未捷，先折一臂，林占熺不得不把五弟占森拉来帮忙。彼时，菌草技术尚属新生事物，了解的人少，愿意投身其中的人更少。林占熺只能先发动自家人，向他们面授技术，再携手向社会推广。理解了菌草事业的意义后，林家上下都全力支持。两个侄子更在六叔坟前发誓，要完成他未竟的事业，跟着大伯继续打拼。

1994年，菌草技术被联合国开发计划署列为"中国与其他发展中国家优先合作项目"；翌年，又被国家列为援助发展中国家技术培训项目；2001年起，被中国政府列为援助巴新项目……林占熺要让这株与众不同的"中国草"造福世界。

1998年7月，林占熺受命率工作小组远赴巴新。一名队员因故无法成行，经组织考察，林占森"替补出场"，从此踏上援外的漫漫征程。

二

1998年9月中旬，林占熺一行人完成了在巴新的任务后，订好了回国的机票。此时，中国驻巴新使馆官员却急急忙忙赶来，提出"三个千万"：项目千万不能中断，技术人员千万不要都回去，今后一年四季千万都得留人！还强调，这是国家需要。

林占熺感到有些为难。专家组成员各有任务，唯一能灵活安排的便是林占森。可把弟弟一个人丢在异国，实在又放心不下。林占森看出了哥哥内心的矛盾，主动表示："国家利益至上，我留下，也算是替您吧。"

林占熺一时百感交集，只能殷殷叮嘱："你能留下最好，但要做好一个人长期坚守的打算。还有，一定要注意安全！"

凌晨时分，累了一天的林占森正在熟睡，忽被一阵嘤嘤呜呜、时断时续的哭声惊醒。他急忙起身辨听，寻声叩响隔壁房门。

门开了，只见哥哥林占熺像个难为情的孩子，略带歉意地说："把你吵醒了。做了个噩梦，没忍住……"

林占森扶着身子微微颤抖的哥哥坐回床，轻声问："什么噩梦？"

"梦见六弟了，他指责我又要把你推下火坑……"

林占森明白过来了，心里一酸，道："我不是好好的吗？！"边说边伸手整理哥哥的枕巾，一片潮湿。

"你现在是好好的，可今后要是有个三长两短，我该怎么办……占森你听好了，你的命就是我的命，可别有一丝一毫闪失！"

重托在身，兄弟情在心。林占森既感动又振奋，面对留守异国他乡的艰苦与寂寞，他决心已定：不但要坚持下来，还要将援助任务圆满完成。

翌年初夏，林占熺再次来到巴新，看到被当地百姓取名"中国草""林草"的菌草一派生机。他发明的"旱稻宿根法栽培技术"也试验成功——那是他代表中国送给巴新的又一大礼。林占熺因此被当地百姓尊称为"极乐鸟"（巴新国徽上的国鸟），他和弟弟的名字还成了当地的村庄、河流、街道名。

最让他和弟弟高兴的是，菌草技术遍地开花，不少地区的稻米也已能自给自足。巴新人民从中深切感受到了中国专家、中国人民倾注的大爱。

三

2006年，林占熺率队来到卢旺达。每到一国，他都不忘强调："咱们一言一行里都有国家的形象，都要对国家负责。"

巴新的项目在8年坚守中已逐步走上正轨，林占森第一时间被调来卢旺达攻坚。这个黝黑瘦削的弟弟啊，在援外工作的风风雨雨中早已把自己锤炼成一颗钉子，哪里艰苦就钉在哪里。

中国专家们克服难以想象的困难，在卢旺达首都基加利市郊建起了菌草、旱稻种植技术示范推广基地。在卢旺达农展会上，中国菌草脱颖而出，一举获奖。卢旺达人民从菌草、旱稻种植技术中受益良多，感动不已："中国政府是真心帮助我们的，中国专家好样的！"

协助哥哥完成前期工作后，林占森依旧受命留守。为了让菌草中心如期动工、尽快发挥作用，他不停不歇，累了乏了也不当一回事，直到整个人都站不住了，才被送到医院。原来得了疟疾！4天时间，林占森瘦了10斤。要不是大使馆高度重视，找来有经验的医生紧急处置，只怕凶多吉少。

林占森一直不敢让家人知道自己的病情，怕他们万里之外牵挂。

而且，在林占森眼里，哥哥才是真正的"拼命三郎"呢！他清晰记得，有一次，卢旺达豪雨如注，街上空无一人，哥哥却叫项目组穿上雨靴雨衣，去附近的山坡检查种下的菌草并取样测试。暴雨之中，雨衣"难堪大用"，大家都被淋了个透心凉，但情绪依然火热高昂。测试结果显示，防治效果显著！林占熺豪气干云："这给治理卢旺达水土流失提供了经验，对尼罗河和黄河沿岸的生态治理也有启示……"

2010年5月下旬的一天，林占熺工作到下午2点多，已经疲惫不堪，第二天还要赶飞机回国，却仍要求弟弟带他去尼罗河源头看看。皮卡车快速爬上海拔2000多米的山道时，林占熺心跳骤然加快，呼吸也变得急促。林占森看出不对劲，马上劝说返程。但哥哥吃了药，不容置疑地说："不，我迫切需要第一手资料！"兄弟二人咬牙坚持，拍了许多资料照片，回到基地已是晚上9点多。此时的林占熺已疲惫至极，一进屋就瘫了下来，被大家扶上床后，一量血压，又升高了。他吃了药睡了一会儿，开始说胡话，口中不住念叨着"回国"。

凌晨时分，林占熺睁开眼睛，抬腕一看手表，"哎呀"一声，说马上出发，要回国呢。林占森劝："您都这个样子了，现在也不适合赶夜路。"林占熺却连说几个"不行"，道："明天必须回去，后天是国际菌草培训班开学式！"匆匆起床出发……

林占森心疼哥哥，一心只想多做些工作，让哥哥宽心省力些。卢旺达许多政要都知道，"世界菌草之父"把最得力的胞弟留下来当项目组组长。他们也知道林占森多年放弃回国过春节的原因：中国过春节时，卢旺达恰好处在菌草播种和管理的黄金季节，林组长正为此呕心沥血呢……

四

到2014年，林占森已援外16年，皆是先随哥哥左右，筚路蓝缕以启山林，在哥哥另辟战场后，他就地留守独当一面。他们二人成了大家眼中"革命生涯常分手"的兄弟战友。

菌草援斐济，一期接一期。常驻斐济的，除了林占森，还有他的侄子。他们常常是早上7点起床，早饭后就开车到周围农户走访。在斐济总统府负责援外退税的工作人员，一开始不理解林占森为什么每月报那么多柴油退税，到现场了解后方知，项目所在地没能及时提供电力，为了不影响进度，项目组就一直购买柴油用来发电。她动情地说："林老师是一个有责任心的好人！"

此话经大使馆传到林占森耳中，他含蓄地说："是，林老师就是这样的好人。"他说的"林老师"是指哥哥，菌草团队一直都是这样称呼的。

大使馆的同志明白过来，笑道："两个林老师，一对大好人。"

对于菌草援外事业，林占熺曾开宗明义地说："如果把菌草技术看作'鱼'的话，我们在援外中不仅授人以鱼，还要提供养鱼、捕鱼、加工鱼的一整套产业。"莱索托、南非、中非……一株株青青的中国草，通过他们的手，漂洋过海在异国扎根。人手不够，林占熺的亲人们就成了他最得力的援军，被派往国内外最艰苦的地方。2003年，大女儿林冬梅从新加坡回国助力；小女婿从公司辞职，到黄河旁的沙地种草，一种就是8年……

2014年9月，已熟悉菌草技术的侄子林良辉驰援斐济。林占熺叮嘱他要向留守当地的五叔学习，多积累一些援外经验。在斐济一个平常的晚上，辛苦多时的叔侄难得在房间里忆苦思甜。林占森忽问："良辉，你和家里人不会恨我吧？"

他说的是，多年前他的三哥，也是良辉的父亲从生病到去世，他都不在场，直到第二年秋天回国才知此噩耗。"这不能怪五叔，是大伯让我们瞒着您的。"林良辉说。

2003年，林占森正和林占熺一起前往福州机场出发援外，忽闻三哥从老家来福州治疗肝病。援外涉及国家声誉不能暂停，他们只能嘱咐家人代为照顾。之后林占森留守海外，十分牵挂三哥的病情，多次打越洋电话问询，春节时还给三哥打了几次电话拜年，可家人要么说三哥还在休息，要么说他去女儿家未归。2004年秋，林占森回国，家人面色沉重地说："现在可以跟你讲一件事了……"原来三哥已走了一年多！

这些年，留给林占森的遗憾实在太多了。一年又一年的清明，他没法为亲人祭扫。有一年在卢旺达，风又飘飘，雨又潇潇，教人春愁细细添。他就在住地简单地摆上祭品，祭父母，祭六弟，祭三哥，晚上枕泪而眠，"记不分明疑是梦，梦来还隔一重帘"。

有人感慨地问林占森："您为什么要这么拼呢？"

林占森温温不作惊人语："人这一辈子很短暂，能有机会参加援外，为国家做点工作尽点力，很光荣……"

五

2018年11月13日，巴新东高地省戈罗卡菌草旱稻示范基地喜气洋洋，林占熺与专家组同百余名巴新各界代表，共赴"福建——东高地菌草一家亲"盛大活动。

人们记不清"林老师"到巴新究竟多少次了。年近古稀的巴新旱稻种植协会会长回忆往事，几度哽咽："感恩中国，感恩林老师，我虽然老了，但相信我的女儿与林老师的女儿一样，会继承我们开创的事业！"

林占熺欣慰中带着谦和："仰仗后来人，再创新高峰！"

林占熺多年援外，每每接到任务，都像战士冲锋般一往无前，更带出了一支"能征善战"的队伍。这支队伍中，他派遣次数最多、时间最长、行程最远的，就是弟弟占森：参加菌草援外并长驻多个发展中国家，从1998年到2021年，在亚洲、大洋洲、非洲都留下了足迹。当年，林占森刚刚步入不惑之年；而今，他已年逾花甲。

2021年8月9日，林占森回国复命，跨进自己久别的家。这个家，多年前从老家闽西乔迁时，他是缺席的；长年累月援外，女儿中考、高考前夕，都没有父亲的陪伴；一个个家庭重要时刻，他都因工作而无法见证……有谁知道，多少个皓月当空的异国他乡之夜，他遥想万里之外的家人不能自已，"欲作家书意万重"。踏进了家门，妻子与他紧紧相拥，林占森感到亏欠家人实在太多，对他们的全力支持实在无以回报。

任林占森如何低调，林占熺都不忘给弟弟记一大功。他每每感慨："这些年真是仰仗占森啊！要是没有占森，菌草援外事业要大打折扣。"

"不不，倒要感谢大哥给我为国效力的机会。"林占森说到这里，望着长兄，真心道，"平时很少向您说谢谢，因为觉得这样太过正式。"

看到弟弟脸上手上的斑点近年突增，林占熺关切地说："还得去查查原因，回国了就好好休息。"

林占森向大哥细述了近期陪伴和"补偿"家人的打算后，看着大哥说："如有需要，随时听命调遣！"

兄弟齐心，家国情深。菌草走向世界、造福世界之路，还在他们脚下不断延伸，再延伸……

《人民日报》2022年7月9日第8版

"争取把竹元村建设得更好"

刘庆邦

2020年5月，遍地鲜花盛开之际，我到贵州遵义采访。在去往竹元村的路上，车子在弯弯曲曲的山道上拐来拐去，竹元村驻村第一书记谢佳清不失时机，在车上就给我们讲起她的扶贫经历。她所讲的扶贫故事，让我深受感动。我想，竹元村完全可以成为一个美丽乡村的旅游目的地，能在竹元村住一晚就好了。因日程安排紧，我们未能如愿，但在心底留了一个念想。

两年之后，今年端午节期间，我又来到了竹元村。我在驾校的一间宿舍住下，一住就是12天。竹元村平均海拔高度在1100米以上，气候清爽宜人。"白云生处有人家"，每天早上，都有云雾在山间缭绕。雪白的云雾有时不但遮住了村委会办公楼旁边一座挺拔的小山，还铺展在办公楼前面的文化广场上。

我在竹元村期间，谢佳清在繁忙的工作之余，差不多每天都会抽出时间跟我聊一会儿。除了在她的办公室里聊，她还曾冒着连绵的小雨，带我在山间行走。竹元村全村共41个村民小组，我们几乎都走遍了。谢佳清对组组户户的每一个村民都很熟悉。我们边走边聊，走到哪里都有聊不完的话题。

一

谢佳清原是贵州省遵义市人民检察院警示教育科科长。2015年7月，经过检察院的选拔和推荐，她来到汇川区芝麻镇的贫困村新民村，当上了驻村工作组组长、第一书记。一在村里落脚，谢佳清就全力以赴投入紧张有序的脱贫工作中。在各方的大力支持和协助下，经过谢佳清和全体村民的共同努力，只用了七八个月时间，新民村的人均收入就达到了脱贫标准，摘掉了贫困村的帽子。

既然已经完成了驻村帮扶脱贫的任务，谢佳清可以理所当然地回到检察院工作，并可以天天回家，过方便而舒适的城市生活了。然而，就在这时，芝麻镇竹元村的驻村第一书记因事回城了，急需另派一人去竹元村接替第一书记的工作。检察院的领导考虑到谢佳清驻村工作成绩突出，并积累了驻村工作的经验，就征求她的意见，希望她能去竹元村当第一书记。

谢佳清说："既然党组织信任我，那就去！"领导叮嘱说："竹元村是深度贫困村，脱贫攻坚的难度不小，你要做好心理准备。"

竹元村地处三山夹两沟的深山老林，总面积18平方公里。村里不通公路，附近连简易的硬化路都没有，只有一些坑坑洼洼的沙石路。从遵义市区到竹元村的直线距离不过几十公里，可送谢佳清去竹元村的越野车在险峻的山里绕来绕去，颠簸5个小时才到目的地。他们早上出发，到竹元村时已近中午。

村里的老支书向谢佳清介绍竹元村的基本情况：竹元村937户，4729人。建档立卡贫困户407户，1847人。截止到2015年，年人均纯收入876元，离脱贫标准差得很远。老支书说，别看竹元村偏僻贫穷，当年红军四渡赤水时，一队红军曾在竹元村露宿住过一晚呢。红军还向一户姓杨的村民家借过5石苞谷，并打了借条。谢佳清听得眼睛一亮，问道：借条还在吗？老支书说，杨家搬家时，把借条弄丢了。谢佳清说，借条可以证明竹元村人民对革命的贡献啊，丢失太可惜了！

老支书建议谢佳清去村里的水窖那里看看。那个水窖是谢佳清任职的检察院几年前帮竹元村建的。他们在杂草掩映、乱石嶙峋的山路上向上攀登，半个多小时才见到建在山坡上的水窖。水窖是一座用钢筋水泥建造的正方体容器，窖口盖着一张半米见方的水泥盖板。老支书指着刻在水泥盖板上的字让谢佳清看。谢佳清看了，眼里渐渐涌满了泪水。盖板上刻的是："吃水不忘共产党"。字像是在水泥盖板刚刚打成时用干树枝刻画上去的，一笔一画清晰可见。这就是革命老区的人民，他们铭记着每一件帮助过他们的小事。那一刻，谢佳清想到自己也是一名入党20多年的共产党员，想到当年在党旗下的庄严宣誓。她暗下决心：要在竹元村留下来，再苦再难也要留下来，一定要帮助竹元村的村民战胜贫困。

二

"牵牛要牵牛鼻子"，要使竹元村脱贫，必须抓住关键问题。在竹元村上任后，谢佳清换上最普通的衣服，穿上轻便的旅游鞋，背起女儿淘汰下来的旧书包，和村干部一起，每天在大山里奔波，到每个村民小组实地调查。路比较远的地方，她就坐村干部的摩托车前往。山路宽不到1米，有的路段一侧是峭壁，另一侧是深渊，摩托车在碎石头上颠簸，很是惊险。谢佳清对村干部说："只要你们敢载我，我就敢坐。"在山路特别陡的地方，连摩托车都不能骑。谢佳清只能由村干部在前面引路，她手脚并用，一点一点往上爬。

经过反复调查研究，谢佳清和村干部们得出一致的看法：竹元村之所以长期陷入深度贫困，最关键的卡脖子问题是道路不通。关山重重，沟壑纵横，因不能行车，竹元村几乎处在与外界隔绝的孤立状态。冬天取暖要烧煤，村民们只能用背篓装煤翻山越岭往家背。一户村民要盖房子，只能借助马匹的力量一趟一趟往山里驮砖瓦。在山里生长的杏子、桃子、李子等时令水果和时鲜蔬菜等，因为运不出去，无法打开销路。正如竹元村的村民说的那样："山高坡陡穷得很，走亲访友路难行。"

找到贫困发生的症结所在，谢佳清在和驻村工作组、村干部以及从市里请来的专家共同制订脱贫攻坚规划时，就把修路放在了规划的首位。他们制订的规划从实际出发，重点突出，切实可行，很快得到了批准。规划有了，但要把规划落地，使天堑变通途，谈何容易！

修路时，须由各村民小组的村民把自家门前的小路修成宽度和厚度够标准的毛路，才能由专业的筑路队加以硬化，变成永久性的水泥路。对一些不愿修路的村民，谢佳清逐户登门去做思想工作，苦口婆心地说："只有路通了，咱们的子孙后代才能越走越好呀。"

就这样，在全体村民和筑路队的通力合作下，用了1年多的时间，所有规划蓝图中的路都修通了。不但修通了村里通向城镇的19.8公里公路，村内还实现了组组通、户户通。原来全村只有不到2公里的硬化路，到2018年，全村的硬化路总长达到62.7公里。"通组连户都硬化，车子开到院坝头"，村民们过年时在新编的花灯调里唱道。

修路只是竹元村脱贫攻坚的建设项目之一，同时推进的基础设施建设项目和民生工程项目，还有30多项。区水利局帮助修水库、建水厂，供电局帮助更换电线杆、架设高压线，教育局帮助建学校、幼儿园、教师周转房，卫健局帮助建卫生室，网络通信公司负责建通信基站，等等。各路大军齐聚竹元，在进行一场"集团式冲锋"。一时间，炮声隆隆，机器轰鸣，热火朝天。

在这场战斗中，谢佳清处在全天候工作状态。可能因为过于紧张，也过于劳累，她的身体出现了不适，腹部阵阵作痛，动不动就有力不从心之感。她到医院一查，是子宫癌前期病变。医生建议她马上住院动手术，可是谢佳清有自己的打算。全村的脱贫攻坚正处在紧要关头，她作为大家的主心骨，此时怎能离开工作岗位？她问主治医生，能不能通过吃药保守治疗？医生说，药物治疗不是不可以，只是药物的副作用比较大，长期服药对肾脏和肝脏都有伤害。为了不离开工作岗位，尽快打赢竹元村的脱贫攻坚战，谢佳清坚持选择药物治疗。回到竹元村后，她瞒下自己的病情，一边悄悄吃药，一边照常工作。药物治疗持续了八九个月时间，最后一次活检报告出来，医生打电话告诉谢佳清病灶消失的好消息。未等医生把话说完，她已喜极而泣，泪流满面。

三

种核桃，是整个芝麻镇曾经引进的脱贫项目之一。由于之前的核桃种苗不合格，核桃树栽下六七年了，一直不见挂果。当地村民因此得出结论，此地不适合种核桃。还在新民村当驻村第一书记时，谢佳清就请教了核桃种植专家，并请专家化验了土质，证明当地完全可以种核桃。经过论证，在竹元村上报的40多项脱贫规划项目中，种核桃继续作为一项列了进去。

第一批种300亩核桃的指标批下来后，谢佳清选择在湾子村民小组种植。湾子小组种下的核桃树，当年就挂了果，村民高兴极了。除了种核桃，谢佳清还在村里扶持开展了养牛、养羊、养兔、养鸡和种红高粱、种脱毒土豆、种中草药等多种养殖和种植项目。到2019年，全村人均纯收入迅速提高，超过了国家规定的脱贫标准。

　　谢佳清带领竹元村的村民脱贫，并不满足于物质上的脱贫。她放眼长远未来，还极力帮助村民在教育、文化和精神上实现脱贫。她创办幼儿园，改善村小学办学条件，提高教育质量。她还为教师建居家式宿舍，创办法治和道德大讲堂。

　　经过走访调研，谢佳清了解到，全村有70多名在外地上学的贫困家庭的学生需要资助。她发动一些企业结对帮扶，筹集了30多万元经费，帮助这些学生安心就读。

　　谢佳清偶然听村干部说，村里有个叫蔡琴的姑娘，初中毕业后被一所民办高中录取。学校一年的学费需要1万多元，可蔡家还有3万元无息扶贫贷款没有还清，哪里还能拿出1万多元为她交学费呢？无奈之下，刚刚年满16岁的她只好放弃学业，带着多病的父母，到附近的仁怀市打工挣钱还贷款。

　　得知蔡琴在一个宾馆里当服务员，谢佳清和村干部驱车去找蔡琴，跟她谈心，希望她能继续上学。蔡琴说："谢书记，我回不去。"谢佳清问为什么。蔡琴说："我要靠打工挣钱还清贷款，并养活一家人。"

　　她们正在交谈，宾馆的经理过来了。谢佳清同经理讲了蔡琴家的困难情况，说她此行的目的是希望能让蔡琴继续上学。没想到，经理为谢佳清一心为民的举动所打动，慷慨解囊，答应为蔡琴家还清3万元贷款，并支持蔡琴继续上学。紧接着，谢佳清为蔡琴联系学校就读。家里没了后顾之忧，又可以重返校园，蔡琴感动得抱住谢佳清大哭。

四

在大家的共同努力下，只用了 2 年多时间，竹元村继修通了道路后，接着通了高压电，通了自来水，还通了网，通了车，通了商，变化翻天覆地，面貌焕然一新。不少人家拆掉旧房，盖成别墅式的新楼房。过年期间，在全村院坝停放的小轿车就有 100 多辆。

竹元村的变化和谢佳清的事迹被电视和报纸报道，谢佳清的父亲看到了。老人家很吃惊，甚至有些疑虑。他跟女儿说要到竹元村亲眼看一看。谢佳清接父亲到竹元村后，父亲不住在村委会，坚持住进山沟一户村民家里。他在村里住了一段时间，通过观察和走访，看到竹元村的现状，听到村民的评价，才打消了疑虑。

谢佳清的付出赢得了村民的爱戴。初夏的一天早上，一个小女孩双手捧着几颗紫红色的杨梅，在村委会门前台阶下的文化广场边久等。有人问她等谁，她羞怯地说，在等谢书记。谢佳清闻讯，赶紧从办公楼里走出来去见小女孩。小女孩说，这是她家的扶贫杨梅树上最早成熟的几颗杨梅，她的爸爸妈妈说，一定要送给谢书记尝一尝。谢佳清说："好孩子，谢谢你的爸爸妈妈，这几颗杨梅我一定要收下。"

6 月 11 日，在我到竹元村住的第八天下午，谢佳清带我去山上看望一位孤寡的村民。下山时，我们路过另一户村民的院坝门口，这家是 70 多岁的老两口。老大爷从院坝里走过来，热情邀请谢佳清和我到他家坐一会儿。谢佳清说回村委会还有事，就不去家里坐了。我们走出十几米远，老大爷突然招手喊我们回去。

原来是老大娘听说谢佳清来了，一定要见见她，跟她说几句话。老大娘一见谢佳清就问："谢书记，听说你要走？"谢佳清说："大娘，我不走。"老大娘说："你千万不能走啊，你要是走了，我这个老婆子会哭的。"说着，就用手背抹眼泪。见老大娘流泪，谢佳清的眼睛也湿润了。她拉住老大娘的手说："大娘您放心，脱贫完成了，我还要和大家伙一起搞乡村振兴！"

是的，谢佳清在竹元村当驻村第一书记已经6年多了。每次轮岗期满，她都写申请要求留下来，要和竹元村的村民继续共同奋斗。我看到的是她在2021年4月20日向遵义市委组织部递交的第四份申请书的复印件。她在申请书中写道："为了巩固和拓展竹元村的脱贫攻坚成果，在乡村振兴中取得更好成绩，我愿意贡献出自己的绵薄力量，争取把竹元村建设得更好。"

《人民日报》2022年7月18日第20版

邮政"天路"上的信使

姜　峰　刘雨瑞

　　眼前这汉子，个头1米8，魁梧壮实的身材，把墨绿色的邮政服撑得紧绷绷；爱笑，性格爽朗，一咧嘴，门牙已掉了——这些都是多年奔波高原留给他的印记。

　　坐上他的邮车，奔赴青藏线：从格尔木出发，翻越莽莽昆仑山，再穿过可可西里无人区，最终到达"雄鹰都无法飞过"的唐古拉山镇。这条邮政"天路"，中国邮政集团格尔木市分公司投递员葛军独自跑了11年。

一

　　东方渐晓，一早驶出格尔木市区，南行40公里后，"南山口"几个大字赫然入目。从这里开始，我们的邮车驶离了广袤的柴达木盆地，横亘眼前的便是千峰壁立、万仞雄峙的昆仑山脉。

　　"横空出世，莽昆仑，阅尽人间春色。"这座"万山之祖"，留下过多少千古咏叹——

　　20世纪50年代，慕生忠将军率领筑路队，就是从格尔木出发，以每公里倒下10峰骆驼的代价，一寸一寸征服了莽莽昆仑，将砂石路铺到千万年来无人涉足的可可西里深处，将红旗插上唐古拉山口。

长天流云、群山飞度，如今脚下是已经柏油化的青藏公路。"路好了，沿线群众对通信的需求也越来越强烈"，葛军如数家珍：2009年，中国邮政集团格尔木市分公司就正式开通了格尔木市至唐古拉山镇的汽车投递邮路，"沿途共有23个交接点，单程419公里，平均海拔超4500米，为沿线单位、群众提供邮件寄递、物资运送等服务"。

然而，邮政"天路"绝不轻松。短短1年后，首任投递员就因身体不堪重负而退出。彼时，正在邮局做柜台营业员、"风吹不着日晒不着"的葛军，无意中得知"格唐邮路"急需人员递补，那一刻的他，"耳朵嗡嗡响，血液往上涌"，拔腿就往总经理办公室跑。"我是党员，是退伍军人，在部队时就熟悉车辆驾驶和维修，进入系统后也干过邮递员，知道咋跟牧民群众打交道，爱往基层跑，不怕吃苦，我报名，跑'天路'！"葛军一番"连珠炮"，很快心愿得偿——此后11年，每周一趟，来回两天，往返千里，风雪无阻。

可是我们心中却不禁打起问号：这条被常人视为畏途的邮路，葛军为何甘愿"自讨苦吃"？

二

突来的颠簸，打断了思绪。

邮车驶出柏油路，在砂石"搓板路"上扬起一阵沙尘，"三岔河大桥交接点到了"。停车，从驾驶舱往下一跳，顿觉天旋地转——一问海拔，"4050米，干啥都悠着点"。

这里是青藏铁路全线第一高桥，大桥桥面距谷底54.1米。汽车在桥下走，火车在桥上过，形成了青藏公路和青藏铁路交会的奇观。某执勤部队常年驻守在这里，这里也是"格唐邮路"的投递点之一。

上桥，有两条路线：一是开车走盘山"搓板路"，路远难行还危险；二是徒步爬一条直通桥上的水泥台阶，150级，坡度近70度，被执勤部队官兵形容为"天梯"。高海拔下，20多岁的年轻战士，走"天梯"都会头晕目眩，而1976年生人的葛军，为节省时间，每次都选择扛着邮包往上爬。

只见他跳下车，将两个20斤重的邮包系在一起，做成褡裢，搭到肩上，再弓起身，左手紧握栏杆——他有意锻炼左手，吃饭时也是左手执筷，"常年工作在高海拔，反应都迟钝了，这样好刺激一下脑细胞"——右手则小心翼翼地扶着胸前的邮包，头往下深埋，像极了耕地的老黄牛。

三岔河大桥位于昆仑山腹地小南川和野牛沟的汇合处，是个风口。葛军呼哧呼哧喘着粗气，用力按了按太阳穴，继续攀爬。突然，一阵狂风吹来，葛军赶忙两只手抓稳栏杆，稍顿，又继续往前，用了快20分钟，才爬完这150级台阶。

"葛班长！葛班长！"营区里的战士们跑出来，纷纷抢过沉重的邮包，扶他坐进营房。葛军神神秘秘："轻点拿！里面有好东西。"战士们已喜上眉梢——打开一看，是一块精心包装的生日蛋糕！

"葛班长"不是白叫的。18岁时，葛军去陕西做了汽车修理兵，部队驻地在渭南市大荔县，浩浩汤汤的黄河水从县城东部流过，浇灌着关中沃野上的"白菜心"。有一年冬季，黄河龙门至潼关段河道壅冰，严重威胁着防洪堤坝。"大堤外面就是村庄和农田，保障群众生命财产安全，咱军人义不容辞！"飞机破空，投下炸弹击碎厚重的冰层，葛军和战友们一声令下就往河道里冲，任凭数九寒天冰冻刺骨的河水浸透了棉袄，一个个肩挑背扛清理浮冰。"在坝上干了半个月，抢险大军没有一个官兵叫苦叫累，冲在前面的永远是连队领导，发馍馍时他们却是最后一个吃。"葛军再不复方才的疲惫神态，眼里仿佛射出光："那种情感，一辈子都忘不了，当兵改变了我一生。"

军营4年寒暑，急难险重冲在前的昂扬斗志，是葛军"退伍不褪色"的价值追求——我们豁然开朗：主动选择"格唐邮路"，葛军并非一时冲动，而是精神基底的光芒闪现。

每周一次，他帮年轻战士们送信、寄信，交流多了，渐渐知道了战士们的需求。这块蛋糕，是给战士们本月过集体生日用的，葛军每月一送，已是无声的约定。

战士们集体"啪"的一声，站得笔直，向"葛班长"敬了军礼。而他起身，拍拍小伙子们的肩膀，扭头就往外走。

"葛班长，跟我们一起吹蜡烛吧。"战士们挽留。

"还有邮件要送呢，下次一定参加。"

大伙不答应，这"借口"想必葛军已用了不少遍。而"葛班长"说一不二，背上空邮包，裹紧大衣，挥手就出了门。

三

从三岔河南行，经1个小时跋涉，我们到达了海拔4768米的昆仑山口。路旁，索南达杰烈士雕像巍峨矗立，身后那片广阔苍茫的大地，就是可可西里。

行邮至此，对葛军而言，还有一番"家风传承"的意味。

原来，20世纪50年代，葛军的爷爷响应国家建设大西北的号召，从上海来到青海，进入邮政系统，服务青藏公路建设，公路建成后就把家安在了格尔木。70年代，葛军的父亲顶了班，曾被派驻到唐古拉山镇邮政所，一待就是5年——算起来，葛军已是这个"邮政世家"的第三代。

不冻泉、索南达杰保护站、楚玛尔河大桥……行驶在可可西里，葛军仿佛看到了父亲在青藏线上奔波的身影：记忆中的父亲，戴着深绿色邮政大檐帽，穿着板正体面的制服，清瘦、干练。"那个年代，谁家生活都紧巴，但经父亲之手寄出去的米、面、油，从来没有短过一两半钱。"踏踏实实做人、兢兢业业做事，是葛军从父亲身上学到的理。

一路畅聊，我们对葛军选择邮政"天路"多了一分理解，也平添一分敬重：也许父辈的坚守，早已在他心底扎下了根。

而他比父辈走得更远：昆仑山、唐古拉山、祁连山，这三条横亘青海72万平方公里土地上的巨大山系，都留下过葛军的足迹。

1998年，葛军从部队退伍，如愿考上青海邮电学校，毕业后被分配到海北藏族自治州工作。领导问起工作意愿，葛军不假思索："我想去基层锻炼！"

他被分配到了祁连县邮政局，每天骑着自行车，负责县城周边15公里范围内的邮件寄递，做好本职工作之外，也学到了与基层牧民打交道的本领。这不，邮车开到可可西里五道梁，葛军马上想起那场"生死救助"——

2014年的一个冬日，寒风呼啸，大雪漫天，临近五道梁的一处居住点，牧民扎娅1岁的孩子突患急病。扎娅忧心如焚，用棉被裹紧孩子，几乎站到了马路中间，只想拦下一辆车，救救孩子。就在这时，一束灯光刺破风雪重雾，照到了她们身上，来人正是葛军！

得知情况后，葛军立即让扎娅和孩子上了车，一路顶风冒雪、艰难前行，等把孩子送到格尔木市的医院时，东边天空已然露出了鱼肚白。孩子得救了，扎娅激动得不知如何是好，当面跪下感谢恩人，葛军急忙扶起她，又买了些水果放到孩子床头，便离开了。

"我还忘不了，2012年夏天的一个傍晚，把特快邮件送到巴珠手中时的情景。"巴珠家住唐古拉山镇拉智村，10年前就在自家院子里开了民宿。有一次，一位来自广东的摄影师住在她家，而葛军送来的那封特快邮件，就是摄影师为巴珠拍下的照片——在数码产品还未普及的10年前，这些照片在天遥地远的唐古拉山，该是何等珍贵……

这样的故事，葛军装满一肚子。"每次见到乡亲们接过邮件的眼神，我就觉得，在这条路上，还可以再坚持坚持。"

不知不觉间，夕阳将邮政车的倒影在路上拉得很长，经过10个小时的跋涉，我们驶过沱沱河大桥，邮路的终点——唐古拉山镇已在眼前。

四

长江水东流，青藏线纵贯——依水而居、因路而兴，这里是青藏公路在青海境内的最后一个重镇。这座镇，非常大，足足4.75万平方公里，雪山、冰川、草原、湖泊无数，而最少的是人。即便镇区所在的位置，也接近海拔4600米。往南，翻过唐古拉山口，便是西藏。

到镇上时，工作人员已经下班。每到一个投递点，葛军都要将邮包挨个整齐地码放在各个单位门口，等全部卸完，天已全黑，时间也到了晚上8点半。

疲惫的葛军走进一家川菜馆，小小的集镇，迎面便是熟人——一位面庞黝黑的中年人惊喜地向葛军招手，拉他坐到桌前，接着倒满一杯酒："来得早不如来得巧，解解乏，晚上睡个好觉，回头再帮我送个水样呗。"

葛军也不客气，一饮而尽："明天一早找你拿！"

这个中年人叫叶虎林，是青海省水文水资源测报中心沱沱河水文站，也是万里长江第一站的站长，正和同事在餐馆吃饭。每年5月到10月，他们都要在唐古拉山镇驻站，对沱沱河进行实时监测，并定期将采集的水样送回格尔木检测，如果存放时间过长，水的化学特性就会发生改变。

有一年，正值河流主汛期，水文站人手紧张，采集的水样一时之间送不下山。正巧，叶虎林撞见葛军在镇上派送邮件，便抱着试一试的心情，希望葛军帮忙把这来自长江源头的水送回格尔木。没有丝毫犹豫，葛军爽快地答应下来。

葛军明白，水文工作者常年驻守野外，远离家人，工作十分不易。只要条件允许，他就会帮水文站的工作人员带一些生活用品。几年下来，这些工作、行走在大江源头的人们，惺惺相惜间已是无话不谈的朋友。

看着他们重逢之时的亲热熟络，再想起这一路上邮包寄送的站点，那些坚守在青藏线上的执勤官兵，还有铁路养护职工，唐古拉山镇基层干部……我们突然觉得，这条邮政"天路"，葛军并非独行。

大家坐在一起，话题愈聊愈多。"今天拍了不少好照片，回头发给你，让嫂子和娃也看看。"他立马摆手："可别，我不爱拍工作照，拍了也删掉，就怕让家人看到这一路的艰险。"可不，翻看葛军的朋友圈：

偶有"进山"或"平安返回"的照片，而中间的时段从来都是空白。

葛军的妻子和女儿，生活在格尔木。父亲的经历，孩子未必都知晓，但妻子不会不懂丈夫。有一次，葛军从邮路返回，途中突遇暴雪，气温骤降，他身体受寒，引发严重的肩周炎，左半身疼痛不已，硬撑着把邮车开回了格尔木。他不愿惊动妻女，拖着僵硬的身躯，自己来到社区卫生院。开完药，走进输液室时，一个熟悉的身影让他心疼："那是我媳妇啊！"原来，在他跑车的时候，妻子患上了重感冒，同样不想让他担心，独自来输液。"报喜不报忧"的夫妻二人，那一刻相对无言，而泪已千行。

晚上回家，妻子把憋在心里的委屈倾吐了不少。而次日一早，葛军去单位时，换洗衣服已摆在门前。"姑娘也大了，小时候总怪我没时间陪她玩，现在上了初中，也知道帮妈妈做家务了，我荣获的铜制奖章给挂在家里醒目位置，孩子总擦得很亮。"

全国五一劳动奖章、中国青年五四奖章……相比这些荣誉，将来若有机会，我们更想把葛军行进在"天路"的照片，送给他的女儿作纪念——那是父亲一路洒下的青春与汗水。

夜云流转，月朗星疏。与水文站的朋友道别后，我们找到唐古拉山镇一家招待所休息。半睡半醒间，脑中闪回这沱沱河畔的一夜，恍然如梦，只觉，葛军和朋友们的身影，好像比唐古拉山还要高。

五

迷迷糊糊中爬起床，窗外，地平线最东端，一束炙热的光芒从红绸帷幕似的天边刺出来，像是熊熊燃烧的火焰。高原的日出，无比壮美。

迎着朝阳，葛军再次开上车，驶入当地驻军某部——此行，他还有一个特殊的"任务"：接"救命恩人"下山。营区门口，笔直站着两队战士，一个留着板寸的高个儿肃立其间。不一会儿，鞭炮、锣鼓声响起，高个儿站得挺拔，缓缓举起右手，庄重地向战士们敬了一个军礼，随后扭头登上邮车。车外爆发出热烈掌声，战士们高喊："退伍不褪色，退役不退志，欢送老兵！"高个儿不停向窗外挥手，扭回头，泪水已奔涌而出。

老兵姓胡，吉林人，一脸英气。20多岁来青海当兵，在唐古拉山镇驻扎了12年，结婚后一直没有条件要娃娃。"也该考虑家庭了，这次转业回老家，以后回来机会就少了。"老胡的最后一句话拖得很长，车厢里陷入了安静。

"这也是我最后一次跑这条邮路啦，今天咱是'退伍专车'。"葛军安慰老胡说。

相识多年，老胡明白葛军的苦处——11年来，高海拔、高寒、缺氧的恶劣环境，对葛军的身体造成了不可逆的伤害，头发掉了不少也白了不少，门牙也掉了，每次夜宿唐古拉山镇，头疼到必须抵着床头硬木板才能睡着，艰苦的工作环境，让他看起来比同龄人老了十几岁。

"之后要跑从格尔木到茫崖的邮路了，距离一样，400多公里，沿途都是大漠戈壁，但海拔能低不少。"葛军顿了顿，"话说回来，第一次上山你救我，最后一次下山我送你，算是有始有终！"

原来，葛军初次踏上这条邮路，快到唐古拉山镇时，遇到修路，因着急赶路，他开着邮车改走青藏公路边的滩地。正值夏季，车子一不小心陷入烂泥中动弹不得。葛军先从车厢中找出一个防水编织袋，将全部邮件都装了进去，然后再在烂泥中锹挖手扒，鞋袜都陷在泥里，腿也被碎石划伤了，但庞大沉重的邮车却纹丝不动。无奈，葛军只好赤脚跑到附近部队驻地求援。当天，正是老胡带着战士们，跳入泥水中奋力挖车，经过1个多小时的忙碌，才将邮车拖上了公路，而葛军、老胡和战士们早已变成了"泥人"……

下山之路，开得并不快。驾驶舱里，葛军和老胡却格外沉默。我们不经意间成为见证者：这对在"天路"上相识11年的老友，此行都是他们在青藏线上的最后一程。平速行驶的邮车，仿佛是一场艰难的告别。

我们主动打破驾驶舱里的沉默，给葛军算了一笔账：11年来，他在格尔木市和唐古拉山镇之间已经往返了17.5万公里，"相当于绕了地球4圈多"。

"是吗？"葛军和老胡倒没显出格外的惊讶。高原上待久了的人，似乎早已收获一种心理上的质朴感。对艰苦的感受、对生活的理解、对幸福的认知，有一种磨砺过后的踏实、淡然和从容。

格尔木终究还是到了。进了邮局，归还车辆，钥匙交到贺生元手中。这位入职不久的邮递员，是葛军的"接班人"，接下来他将成为邮政"天路"上新的信使。葛军拍拍他的肩膀，将小贺略显宽大的邮政工作服整理板正。"以后交给你了。"语毕，两个大男人不自觉地拥抱在一起，大大咧咧的葛军，像老胡一样，哭了。

走在格尔木清冷的夜色里，仰望繁星如缀，回想两日的"天路"之旅，如梦似幻。老胡第二天就要飞往长春，葛军也将在一周后踏上新的邮路，我们彼此互道保重。"一定再来格尔木看我啊。我带你们跑跑茫崖，戈壁也很美！"葛军一句话，把大家又逗笑了。

邮政"天路"依旧，老兵永不"退伍"。

《人民日报》2022年8月24日第20版

好一辆漂亮的火星车

黄传会

2021年5月15日7时18分，"天问一号"探测器在距离地球3.2亿千米之外，成功着陆在火星乌托邦平原南部预选着陆区。

5月22日10时40分，祝融号火星车驶离着陆平台，开始新的征程……

祝融号！一个新奇的名称举世瞩目。

2020年7月23日，中国首次火星探测工程"天问一号"成功发射。次日，"中国第一辆火星车全球征名"活动开启。"天问一号"点燃了全民的火星热，数以百万计的网民参加投票。进入前10名的有：祝融、弘毅、麒麟、哪吒、赤兔、求索、风火轮、追梦、天行、星火。2021年4月24日，国家航天局正式公布中国第一辆火星车命名：祝融号。

在祝融号之前，贾阳与他的团队，已经为嫦娥三号、嫦娥四号做过两辆月球车：玉兔号和玉兔二号。而今，贾阳是"天问一号"探测器系统副总设计师，分管祝融号火星车。

贾阳做过一期电视节目，观众众多，他最出彩的一句话是："我们的团队要做一辆漂亮的火星车！"

不是一辆"厉害"的火星车，而是一辆"漂亮"的火星车，这样的表述让人们浮想联翩。他还说，中国第一辆火星车应该有中国元素，让人一看就是中国人造的。

重中之重

在浩瀚的太阳系中，火星与地球距离较近，自然环境与地球最为相似。

对火星的探测与研究，有助于人类进一步认识地球和太阳系的形成和演化，研究地球的未来变化趋势。探寻地外生命信息、探查火星是否曾经存在支持生命活动的环境，成为当今火星探测的科学主题。

对航天科学家来说，仅靠轨道器环绕遥感，对火星进行远距离观察，显然是不够的。于是，他们将目光转向着陆器，携带火星车登陆火星，获得更多的火面细节。

中国首次火星探测任务，火星车成了重中之重！

与我采访过的许多航天人一样，贾阳一身工装，圆脸、厚嘴唇，发型随意，眼镜也很普通。1992年从国防科技大学考取中国空间技术研究院（以下简称"航天五院"）研究生，毕业后，跨进了航天大门。他出任过月球车主管副总师，两只"兔子"在月球上的精彩表演，让国人惊喜不已。

一见面，我就说："网友们说您是为火星做车的人。"

贾阳立即纠正："准确说，是我们团队在做火星车。这个团队有几十人、几百人，甚至成千上万人。"

"你们已经做过两辆月球车了，再做火星车是不是驾轻就熟？"

贾阳笑了："打个比方，你会造自行车，现在让你去造辆汽车，你会觉得很简单吗？"

贾阳说研制火星车面临着诸多的技术挑战：火星距离太阳更远，阳光能量只有月球表面的38%，火星车太阳能电池板的面积要更大，还要努力对着太阳的方向；火星上沙暴频繁，每当风沙肆虐时，火星车接收到的太阳光能量急剧下降；火星车与地面的信号传递，来回需要40分钟，必须为火星车设计"超强大脑"……

我似懂非懂："看来，做一辆漂亮的火星车绝非轻而易举。"

贾阳笑了："是难。不过，我们不就是干这种活的师傅吗？再说，航天人都是喜欢做梦的人，有梦就有追求，有梦就能创新！"

火星车既然是"车"，最关键的是要"走"好。

要让火星车稳稳地走起来，必须解决车轮沉陷沙地、爬坡困难、车轮易破损三大难题，还必须满足极为苛刻的重量要求。

火星车移动分系统主任设计师袁宝峰，担负的是让火星车"走"好的重任。

2003年从哈尔滨工业大学研究生毕业的袁宝峰，正赶上我国第一艘载人飞船神舟五号圆满完成任务，借着这股"航天热"，他成为一名航天人。

火星探测任务立项之前，国内一些科研院所和高等院校，已经开展火星车先期研究。火星表面既有松软的沙地，又有坚硬的石块，为了提高火星车的通过能力，设计师们在主副摇臂悬架的基础上，创新性地增加了夹角调整机构和离合器，使火星车悬架从被动悬架，变为主动悬架。

记得是2014年一个冬日，袁宝峰与火星车移动团队，开了一场激情澎湃、灵感飞扬的技术研讨会。

"火星车要解决车轮沉陷和爬坡困难问题，关键是轮地作用特性，有了主动悬架，能升降车体，具有灵活的移动方式最重要。"潘冬首先从系统功能角度进行了分析。

"对，火星车实现沉陷脱困，单靠车轮转动不行，必须有外力的推动才行。"刘雅芳补充道。

林云成说："沙地里的动物防止沉陷各有妙招：骆驼靠大脚板，蜥蜴靠快速移动，蛇靠身体滑动。咱们的火星车沉陷下去靠啥能出来？"

"小时候我们玩的大青虫子，小脚不大，但被沙土埋起来，三下两下就爬出来了。"潘冬受到启发，用手在桌子上抓了起来。

刘雅芳见他那滑稽模样，笑着说："那叫尺蠖运动，就是后脚使劲让前脚向前伸，前脚使劲，拉着后脚向外拔。"

"我听明白了，大家的意思是，利用车轮和夹角调整机构配合，通过尺蠖运动，把车轮依次推出来。咱们主动悬架的设计方向，以尺蠖运动为主攻方向。"袁宝峰总结道。

火星车移动团队每次集体攻关会，都是一次智慧的融合，都会撞击出创新的火花。

团队创新思考，形成三种方案：大车轮蠕动悬架、摆臂车轮主动悬架、摇臂式主动悬架。经过几百种复杂地形工况的运动性能仿真对比，最后决定采用主副摇臂式主动悬架移动系统。

有了大思路，还有许多技术难关需要突破。这期间，仅总体设计就完成了十几轮迭代优化，确保悬架移动系统各方面都达到最佳。

长期以来，我国宇航应用的谐波减速器相比进口谐波减速器，在输出力矩和负载能力上相差1倍多。火星车要达到国际先进水平，就必须要有类似国外的高性能谐波减速器。袁宝峰找到国内一家大企业，对方一听火星车使用条件和环境极其苛刻，研制周期又短，风险太大，没敢接活。

犹如雪中送炭，一家小公司主动找上门来，拿出类似国外轻量化大力矩谐波减速器。这家公司不到20人，设备简单，3位骨干技术员都已50多岁，他们渴望在退休之前，为国家的重大任务做点贡献。

为了保险，袁宝峰选择进口产品与那家公司产品一起进行严酷的技术考核，结果发现，进口谐波减速器在低温下的启动力矩更大，这就导致它的移动系统更重。上星部件，"克克计较"，袁宝峰决定选用相对较轻的国产产品。

有人善意地提醒袁宝峰："用这家小公司的产品上星，真出了问题，你作为设计师将要承担全部责任。"

经过深思熟虑，袁宝峰坚持了自己的选择。但是，他又发现新问题：国产谐波减速器在严酷的载荷与环境条件下，测试寿命只有设计值的一半。

怎么办？火星车移动团队经过深入分析，在深冷处理、装配精度等方面，开展了一系列检验和测试。

探测器系统总设计师孙泽洲闻讯赶来了。他充分肯定团队前期的工作，勉励大家务必攻克难关。孙泽洲说："无论是'北斗''嫦娥'，还是载人飞船，已经一次次证明，关键技术是要不来、买不来、讨不来的。哪怕面临一些风险，'天问一号'组部件国产化的路也必须坚定不移地走下去。"

一个月，两个月……团队顶着巨大压力，通过改进润滑方案、优化产品装配精度等措施，产品最终完成了寿命试验考核。火星车终于用上国产的谐波减速器。

车轮是火星车的重要部件，必须满足高效的牵引性能、高强的承载和攀爬性能、独具特色的里程标记功能。

袁宝峰告诉我："祝融号车轮的创新性设计，在材料、构型、性能等方面都达到一个前所未有的高度。比如，车轮具有'一指禅'功能，任意一个轮刺，只需要一个'指尖'接触岩石，就可攀上超过车轮直径的垂直石块；车轮的胎面具有特别的韧性和强度，一个锥刺顶在车轮最薄弱的胎面部位，施加1000牛顿的力，都难以扎破轮胎；还有，车轮选用铝基碳化硅材料整体加工，利用锋利的侧边，车轮边缘压在70度的光滑岩石上也不会下滑。"

"祝融号前进之后，车辙上呈现出一个个'中'字，这个奇特的点子是怎么想出来的？"

"贾总一再强调要做一辆漂亮的火星车。"袁宝峰说，"车轮是唯一与火面接触的部件。我们利用车轮减重槽的网格结构，设计出了具有中国特色的'中'字印记，网友一致称赞很有'中国范儿'。"

这支年轻得让人惊讶的团队，最初7人平均年龄仅29岁。后来有人参与其他型号研究，又有新人加入。到2020年"天问一号"成功发射，团队成员的平均年龄也只有33岁。几经磨砺，这支队伍快速成长，有一半成员成为型号的主任、副主任设计师，也有人走上了管理岗位。

中国首次火星探测工程总设计师张荣桥说："'天问一号'团队一个鲜明特色是'年轻'——这些朝气蓬勃、能吃苦、敢创新的年轻人，一次次创造了奇迹。"

"蓝闪蝶"

从南五环到北五环，穿越了大半个北京城。

每天天刚蒙蒙亮，马静雅便全副武装出发。作为一位还在哺乳期的职场妈妈，她背个大背包，里面装着一只迷你保温箱和冰晶，还有取奶器、"下奶"食品，足有五六公斤重。

2014年10月，马静雅休完产假。组长对她说："现在有个很重要的项目，你先跟进一下。"马静雅加入了火星车研发团队。这是航天工程的一件大活儿，她十分兴奋。

头一次见孙泽洲和贾阳，马静雅感觉两位总师思路清晰，见地独到。他们对火星车太阳翼（太阳能电池板）的标准提出明确的要求：面积要大，构型要美观，能对日调整角度，可以除尘，可靠性要高。

火星表面太阳光照弱，为满足火星车的能源需求，太阳翼的面积将近4平方米。最早的设计方案，只有左右两只"翅膀"，收拢时为屋顶结构。可力学分析表明，发射时两只"翅膀"振动响应很大，必须做得很结实，那要付出许多重量代价。又想到折展方案，但太阳翼向前展开时会遮挡导航相机视线，向后展开，上下坡时又容易触地。又有人提出将电池片粘贴在聚酰亚胺薄膜上，像扇子一样展开。面积大了，重量轻了，但技术不成熟……

一日，思绪活跃的马静雅，经过与赵坚成、柴洪友、杨巧龙等老专家多次探讨，想出一个新方案：它由四块矩形板组成，每两块电池板由铰链连接在一起，发射时折叠收拢在车的顶部；保证电池片朝外，即使太阳翼没展开，白天日照条件下也能产生电流补充能源，保证车落火星后能"活着"。为实现对日定向的需求，还设计了一个只有17克的分布展开机构。

马静雅拿着方案兴冲冲地找到贾阳和火星车总体主任设计师陈百超。

贾阳看完图纸，说："有新意。不过，火星车从着陆器上下来时，太阳翼伸出车体的长度应该尽量短些。不然，它会与地面发生干涉。"

为了满足行走时包络最小、构型最合理，团队又对太阳翼第二轮方案进行迭代设计：圆形、半圆形、多页扇形……将原先长方形箱体，改成圆形的顶面，但仍未找到最佳形状。

陈百超在吉林大学读博时，博士论文课题是一种高性能月球车的方案设计，还出了原理样机。当月球车"开"进航天五院时，引起了专家们的兴趣。2009 年，陈百超博士一毕业，便进入航天五院总体部。

夜里，陈百超辗转反侧，老是想着太阳翼。他索性打开电视机，荧屏上植物园里百花盛开，像是花的海洋。镜头慢慢拉近，几只彩蝶在花朵上蹁跹起舞……

陈百超两眼一亮："就是它了，蝴蝶！"

在办公室电脑里，陈百超将蝴蝶翅膀状的太阳翼展示了出来。这个构型完美地解决了太阳翼展开后行走包络干涉问题，其中左右两片电池板，还能实现对日定向。

太阳能电池板是深蓝色的，展开后像蝴蝶的两对翅膀；两根天线向前伸出，像蝴蝶的触角；车体前方的两台圆柱形设备，好似蝴蝶的复眼；六只车轮替代了蝴蝶的六足。

贾阳赞道："它真像一只蓝闪蝶。"

马静雅挺好奇："蓝闪蝶是什么蝴蝶？"

"它是生活在中南美洲蛱蝶科闪蝶属最大的一个物种，长约 15 厘米，翅膀呈金属光泽。"

"蓝闪蝶"构型有许多优点，但也存在一些风险。太阳翼在收拢状态时，电池板是朝下的，如果落火后太阳翼不能及时展开，整车的电源撑不过一天，整个任务将会失败。解决太阳翼展开可靠性问题，变成后续研制的首要任务。然而此时，剩下的时间不到一年。从工厂交付驱动组件，到送至北郊做力学试验，所有的流程都是按天计算。在最后总装环节，离整星力学试验只剩下一周。马静雅和工厂的工艺师王国星、操作师安长河等，在车间里连续装配和测试4天，在力学试验前一天将产品交付给整车。

马静雅说自己是幸运的，2009年从北京理工大学研究生毕业进入航天五院总体部，便参与资源卫星太阳翼建模、出图和展开机构研制。在这个团队里，她感受到了航天人对祖国的忠诚、对事业的挚爱、对工作的精益求精……

祝融号顺利落火，举世瞩目。

马静雅上小学的儿子问她："妈妈，老师说祝融号到火星上了。那辆火星车是你造的吗？"

马静雅说："是妈妈和叔叔阿姨一起造的。"

"听说祝融号比孙悟空还厉害！你们造火星车我怎么不知道？"

马静雅笑了："妈妈和叔叔阿姨们造火星车的时候，你还很小，我每天还为你背奶呢。"

"妈妈，我只知道喝牛奶，怎么从来没听说过你'背奶'？"

马静雅抬头凝望着天空，眼眶湿润了……

让每一缕光芒都灿烂

航天飞行器的研制，几乎都要经历这么一条路径：山重水复疑无路，柳暗花明又一村。当然，也有柳不暗花不明，甚至走进"死胡同"的情况。

火星车热控系统的研制也曾遇到瓶颈，热控分系统主任设计师向艳超急得直上火。

在"天问一号"探测器设计过程中，减重是最棘手的问题之一。探测器分给火星车的重量只有240千克。火星车所有设备，都必须严格"瘦身"。

火星着陆区最高温度不会高于零下3摄氏度，最低温度接近零下103摄氏度，火星车如何保温，团队想尽办法。能不能借用火星上的风？能不能利用着陆器上没用完的燃料？能不能带只小锅炉上星？

一条条路都被堵死了，团队陷入了困境。

2004年，向艳超从航天五院研究生院毕业，正赶上嫦娥工程立项。作为月球车热控分系统的主任设计师，每当项目遇到难题时，他知道只有创新才能破解。向艳超意识到，解决火星车的热能问题也必须创新。他转换思路，光能转换成电能，效率只有30%；如果直接将光能转化成热能，效率会怎样？

忙了一天，向艳超深夜才回家。妻子说："太阳能热水器坏了。"向艳超回答："找厂家修呗。"妻子说："要不你自己弄弄。""我哪会？"

妻子急了："连自家的热水器都不会修，你还是热控专家？"

向艳超乐了："夫人息怒，我试试看。"他找出《热水器使用说明书》，一边翻看，一边对照控制面板。片刻，兴奋地喊了起来："有了，有了！"

热水器说明书介绍了热水器将光能转为热能的原理。忽然，一个灵感在向艳超的脑际闪现：仿照热水器原理，在火星车上安装一个集热装置，将太阳能存储起来，需要时供火星车用。

第二天，向艳超把团队的张旺军、张冰强、陈建新召集在一起。大家看了他新绘的草图，一致称好。

按照新思路，在火星车顶部前后安装两台集热窗设备，像双筒望远镜，用它吸收太阳能，直接转化成热能，让每一缕光芒都灿烂。集热窗要求太阳光只进不出，用技术语言表述：集热窗透光口具有太阳光谱高透过率、远红外光谱低透过率的特征。

团队开始寻找材料，首选石英玻璃，性能可以，重量有问题，两个集热窗接近15千克。换成钢化玻璃，还是太重。

有人建议用有机玻璃。向艳超受到启发：如果找到一种透明膜，重量肯定很轻。调研了市场上的各种透明膜，有的可见光透过率弱，有的韧性不够。他获悉辽宁科技大学研究的一种聚酰亚胺材料可以生产聚酰亚胺薄膜。一联系，得知这种原材料是专供出口的，国内不生产成品。

在网上搜到国内一家专门生产各种薄膜和泡沫塑料的民营企业。贾阳和向艳超急忙登门求助。

公司董事长热情地说："欢迎航天部门来的客人。这几年，咱们国家的航天事业发展得很快，又是'北斗'，又是'嫦娥'，还有载人飞船……你们航天人为国争了光，长全国人民的志气啊！"

贾阳紧接他的话头："航天取得的成就，离不开全国人民的支持。当然，这里面也有你们民营企业的一份功劳。"

董事长说："我们这种小企业想做贡献，轮不到啊！"

贾阳一听，觉得"有戏"，立即说："您刚才讲到'北斗'，讲到'嫦娥'，讲到载人飞船，还有一个重要项目：'天问一号'。我们正准备去火星探测……"

"天问一号"！董事长忽然问："您刚才说，民营企业为航天工程做过贡献。我们小企业有机会吗？"

向艳超忙说："我们就是专门跑来求助的。"

贾阳介绍了火星车集热窗急需聚酰亚胺薄膜的情况。董事长问："你们确定国内没有厂家生产这种产品？"

"找遍了，没有。"

董事长顿时严肃了起来，说："生产这种产品，公司必须把其他产品停下来，清洁生产线，而你们又只要很少的量。既然是航天急需的产品，也就是国家急需的。能为航天事业做贡献，也就是为国家做贡献。虽然这是一桩赔本的买卖，我们干，即便赔钱也干！"

公司果断停产其他产品，经过几次调试，终于生产出了全尺寸高透明的聚酰亚胺薄膜。

有了聚酰亚胺薄膜，还得有合适的安装框材料。团队最先看上镁锂合金，两个安装框4.4千克，太重！改用3D打印，重量减少了2.6千克，但火星高温差将会导致聚酰亚胺薄膜热胀冷缩与金属框变形不匹配，膜容易绷不紧或是被拉破。

副主任设计师张旺军建议，安装框用聚酰亚胺材料，变形相同，重量更轻。他们赶紧去寻找直径不小于650毫米的聚酰亚胺板材，但国内没有这种产品。正在着急时，合作伙伴中上海一个研究所伸出援手，经过3个月奋战，终于拿出聚酰亚胺板材。

集热窗由安装框和膜支撑结构两部分组成：前者用于固定膜，并维持膜的形状；后者保证在各种工况下，膜保持上凸状态。聚酰亚胺薄膜厚度仅有50微米，要张扩成直径550毫米的透明窗户，还得经受发射时内外近1000帕压强的压差作用和进入火星大气层时的大气压力作用，又是一道难题！

向艳超对张旺军说："该施展你机械设计的专长了。"

张旺军不知用了什么"魔法"，仅用两根十字交叉的钢丝，便稳稳地撑起了那张薄薄的透明膜，透过薄膜能清晰看到璀璨的星空。

最终，两个集热窗的重量从开始的14.8千克，减少到了1千克。

带"火"字的车标

中国第一辆火星车诞生了！

这个小精灵长得有些像神话传说中的哪吒：虎头虎脑，两只眼睛滴溜溜转，一副翅膀呼扇呼扇的，脚下还蹬着六只"风火轮"呢！

大家围在四周，指指点点，说不够，乐不够。

贾阳笑了："行，还真像一辆火星车！"

孙泽洲幽了一默："不像火星车，你想让它像高铁上的售货车？"

张荣桥感慨道："这是中国人自己做的第一辆火星车！"

在火星车的桅杆顶部，有一个醒目的红色方框图形车标。仔细一看，是个篆文"火"字。这个充满中国元素的"火"字，寄托着中华民族长久以来对火星的憧憬，也与后来出炉的"祝融"名字完美契合。

这枚车标还有一段故事。

火星车研制出来了，它的桅杆上面有3台相机，还安装了气象测量、磁场测量等设备。为保证相机在寒冷的火星夜晚不被冻坏，设计师为它包裹了隔热罩和镀铝膜；为了不遮挡相机的视场，罩子的正面开了3个圆孔。远远望去，火星车最明显的地方，是桅杆顶端一块A4纸大小的白色平面，上面有3个相机的光孔。

陈百超一看，自言自语："桅杆的头部有些空，不够漂亮。"

贾阳仔细地端详着："大家看能不能再美化一下。"

有人提议在桅杆顶端画上一个中国结，既喜庆，又有中国元素。马上有人提出异议，把中国结放在火星车"额头"上，不太协调。

"挂盏红灯笼呢？"

"人家会以为咱们的火星车娶媳妇呢！"

比较一致的意见是，用中国传统书法"火"字，既有装饰性，又有中国文化特征。

专业的事情应该让专业人士去做。贾阳马上给自己的一位沙画家朋友发了条信息，说他们研制的火星车需要装饰一下，想请他用毛笔写个"火"字，把火星车打扮得更漂亮一些。

那位沙画家觉得能给火星车做点事情，机会难得。他找来古往今来用金文、篆、隶、草、楷书写的"火"字，一一比照，发现一枚古代官印"桓术火仓之记"中"火"字的造型，别有韵味。他将书法与篆刻的表现手法结合起来，刻了一枚具有浓郁中国文化特征的印章，获得专家们一致认可。

中国第一辆火星车，一飞冲天，穿云破雾，奔赴火星……

1921.5米——从2021年5月22日踏上火星，至2022年5月18日进入冬季休眠模式，祝融号在火星前行的这段距离，是中国在火星上大踏步前进的1921.5米。

这1921.5米何止是距离，它展现的是中国人的逐梦之路、信念之旅！

《人民日报》2022年11月2日第20版